本书编委会

主　编

魏宛斌　李肖胜

编委会成员

魏宛斌　李肖胜　董庆霞　董艳芳　李　力

主题党日活动

案例选编

《主题党日活动案例选编》编委会◎编

提升党支部组织力

强化党支部政治功能

推动全面从严治党向基层延伸

人民出版社

目　　录

前　言

　　党的十八大以来，以习近平同志为核心的党中央从战略和全局的高度，大力推动全面从严治党向基层延伸、向纵深发展，严格党的组织生活成为严肃党内政治生活的重要举措，强调"推广党支部主题党日"。中共中央于 2018 年 10 月印发的《中国共产党支部工作条例（试行）》对主题党日的时间、内容、形式等作了明确规定，为加强新时代党支部主题教育提供了根本遵循，同时提出党支部每月相对固定 1 天开展主题党日，组织党员集中学习、过组织生活、进行民主议事和志愿服务等。

　　按照中央部署，各级党组织把主题党日活动作为党的组织生活制度的重要内容加以落实，主题党日活动成为加强党员教育管理的有效载体，通过主题党日活动提升党组织活动的质量。按照中央部署要求，全国各地各级党组织进行了深入探索和实践，认真研究确定主题和内容，在形式和内容创新上下功夫，不断创新活动形式，丰富活动内容，主题党日已经成为党支部政治建设和组织建设的重要形式。

　　做好主题党日活动，首先要在立意上突出强调主题党日活动是党内政治生活，紧盯中央和上级大政方针精心设定主题，着眼本支部党员及身边群众关注的问题制订活动计划，严格执行规定动作，确保主题党日活动不走形、不变形。在内容上，要着力探索"主题党日+"

模式，紧扣党员教育主题，紧扣党员思想实际，明确"规定动作"，围绕地方实际、工作实际创新"自选动作"，让学习内容饱含党味、围绕工作、贴近生活、切合实际。在形式上，充分发展"小、灵、快"的学习方式，依托"学习强国"平台，运用网络手段，通过主旋律感召、志愿服务活动、生活项目等，提高党员的参与积极性，彰显党员的精神风貌。

善于总结经验是我们党发扬成绩、纠正错误、提高自己的重要方法，也是党的优良传统。在"两学一做"学习教育进入常态化制度化的今天，主题党日活动的实践同样需要总结。各地在开展主题党日活动的过程中，有许多生动鲜活的经验，取得了非常好的效果，当然，也有的支部遇到了主题党日活动与中心工作和党员需求"两张皮"、党员参与热情不高、活动形式单一等困难和问题。如何积极探索创新新时代主题党日活动的形式与内容，使党内组织生活引领带动中心工作更加有力、党员干部作用发挥更加充分，成为我们需要解决的课题。为了集聚全国各地优秀的实践成果和宝贵经验，加强对主题党日的特点、规律以及发展趋势的研究和认识，全面提升党支部的组织力，强化党支部的政治功能，充分发挥党支部战斗堡垒作用，夯实党长期执政的组织基础，我们收集整理全国主题党日优秀案例，编成《主题党日活动案例选编》这一参考读物。

本书根据十九大修改后的党章和《中国共产党支部工作条例》相关规定，将收录的主题党日活动案例分为农村党支部主题党日活动案例、社区党支部主题党日活动案例、国有企业和集体企业党支部主题党日活动案例等部分，涵盖不同领域的党支部，集中反映了党的十八大以来各地开展主题党日活动的鲜活实践。每个案例兼具代表性和典型性，重在讲清楚主题党日活动的开展缘由、具体做法以及成效，使本书定位更准确、方向更明确，便于全国各地基层党组织、广大党务工作者参考借鉴。

　　希望本书的编辑出版，能给广大基层党组织以支部为单位从严从实开展主题党日活动提供有益借鉴与参考，从而推动全面从严治党向基层有效覆盖、深入延伸。

第一章 农村党支部主题党日
活动案例

  农村基层党组织是党在农村全部工作和战斗力的基础，全面领导农村各种组织和各项工作。《中国共产党支部工作条例（试行）》进一步细化和具体化了村党组织的地位和作用，明确规定：村党支部全面领导隶属本村的各类组织和各项工作，围绕实施乡村振兴战略开展工作，组织带领农民群众发展集体经济，走共同富裕道路，领导村级治理，建设和谐美丽乡村。贫困村党支部应当动员和带领群众全力打赢脱贫攻坚战。

  历经多年艰苦卓绝的不懈努力，现行标准下 9899 万农村贫困人口全部脱贫，832 个贫困县全部摘帽，12.8 万个贫困村全部出列，区域性整体贫困得到解决，中国已消除绝对贫困，我国脱贫攻坚战取得了全面胜利！精准脱贫的奋斗目标已经实现，乡村全面振兴的号角已经吹响，如何更好实现精准脱贫和乡村振兴的有效衔接，农村党支部使命光荣、责任重大，要在领导农民群众将乡村振兴美好蓝图转化为现实成就中主动担当、积极作为。

  截至 2019 年 12 月 31 日，533824 个行政村已建立党组织，覆盖率均超过 99%。农村基层党组织出现的许多新情况新变化，给农村基层党建特别是主题党日落实方面带来了新课题。如党员接受信息途径日益多元化、主题党日形式亟待改进；农村社会阶层更加多元化，农村党员素质参差不齐，主题党日面临重口难调；农村流动人口更加频繁，党员参加主题党日活动的形式需要创新；等等。

全国各地的农村党支部针对自身主题党日活动中存在的问题，不断立足实践，创新主题党日活动的形式和方式，如聆听党课、集体学习、参观考察、参加劳动、观看红色电影、组织文艺演出等；针对新冠肺炎疫情，通过视频形式开展网上主题党日等；实行支部结对共建，促进经验交流共享。本章选取部分农村党支部开展主题党日活动的鲜活案例，按照时间顺序进行排序，期待通过这些实践中的典型案例，能够为拓宽各地农村党支部主题党日活动的视野、丰富主题党日活动的形式、加强主题党日活动的规范性有所贡献的同时，对农村党员干部进行党性锻炼、理论宣传、业务提升，从而进一步激发广大农村党员干部活力，更好发挥农村党支部战斗堡垒作用和党员先锋模范作用。

案例一：一次特殊的支部主题党日活动①

2018 年 10 月 18 日，在但店镇熊家咀村 3 组党员熊先和家中开展了一次别开生面的支部主题党日活动。镇党委副书记、纪委书记郭秀峰、镇党委组织委员柳超、挂点县直单位食药局副局长夏志坚、熊家咀驻村工作队、村组干部以及全体党员参加了本次活动。

按照上级要求，熊家咀村已于 10 月 8 日开展了支部主题党日活动，时隔数日，又为什么会在一名普通党员家中再次开展活动呢？原来，在几天前，县委副书记、政法委书记闫吉走访熊家咀村三组贫困户时，因中风偏瘫不能正常参加组织活动的熊先和激动地握着闫书记

---

① 指的是湖北省黄冈市团风县但店镇熊家咀村党支部主题党日活动。

的手，眼中噙着泪，说"想党，想组织，想过一次正常的组织生活"，这让在场的人深受感动。于是，村党支部就策划了今天的活动。

在完成规定五项动作时，熊先和与全体党员一起重温入党誓词，他仿佛又回到了当初入党的时候，情不自禁地留下了泪水。接着，大家集中学习了《中共中央、国务院关于开展扫黑除恶专项斗争的通知》《团风县关于在全县集中整顿软弱涣散基层组织建设的通知》《团风县关于在扫黑除恶专项斗争中切实加强基层组织建设的通知》、村霸湾霸的表现形式以及换届选举村两委班子"负面清单"。诵读了革命先烈方志敏同志的遗书《可爱的中国》，革命先烈宁死不屈的精神和无私奉献的遗志，让在座的党员心潮澎湃。

紧接着，围绕"如何建强村级党组织，摘掉熊家咀软弱涣散帽子"的主题，召开专题组织生活会，首先由村党支部书记熊利华同志就村"两委"和个人工作情况进行自我批评，随后与会村组干部、党员就个人作用发挥开展批评与自我批评，大家共同分析村级当前存在的问题，提出整改提升的方向，积极献言献策谈想法、谈打算。

随后，郭秀峰围绕"建强基层组织战斗堡垒，深入推进扫黑除恶专项斗争"为大家讲党课。与大家分享了本村3位老党员的感人故事，其中就有始终坚持说老实话、办老实事、做老实人的熊家咀村老党员、老干部熊先和，已经过了预产期仍坚守岗位的熊家咀村聘用干部洪凤婷。并针对熊家咀村实际讲了三点意见：一是要大力加强基层党组织建设，为扫黑除恶专项斗争筑牢坚强战斗堡垒；二是要充分发挥基层党组织政治引领作用，组织发动群众积极参与扫黑除恶专项斗争；三是持续推动基层治理创新，坚决铲除黑恶势力滋生土壤。

柳超提出了"三个不能忘"的要求，一是不能忘了当初的誓言，即不能忘了当初入党的誓言、不能忘了当选村组干部为人民群众许下的诺言、不能忘了成为村民代表时人民群众的信任；二是不能忘了当年的选择，那是不忘初心、坚守共产党人的道路选择；三是不能忘了当前的责任，要把这份上下一心团结力量，彻底转化为熊家咀村改变落后面貌、开创强村富民之路的力量。

本次支部主题党日活动突出了五大特点。一是全员参与。全村党员干部都参加了本次学习活动，深刻体会到了党组织的殷切关怀，切身感受到了本村老党员熊先和身残志坚、女党员洪凤婷身怀六甲坚守岗位的坚强党性。二是现身说法。以身边实例讲党课，内容生动，故事感人，进一步凝聚了人心，为熊家咀村的发展扫清了障碍。三是形式多样。既全面规范地开展了五项基本动作，又将党规党情、红色故事、组织生活会、建言献策、讲党课等多项活动相结合，有条不紊地开展。四是亲近群众。在党员熊先和家中举行支部主题党日活动，既体现了党组织的真情实意、无限关怀又达到了将支部主题党日活动精神落实到户到人的效果，别具特色。五是上下互动。会前县委副书记、政法委书记闫吉提出了明确要求，并与镇党委领导班子进行了交流讨论。

本次活动特色鲜明，主题突出，教育深刻，成效显著，是一场丰富多彩的支部主题党日活动。

（资料来源：团风党建微信公众号，2018 年 10 月 19 日）

案例二：迎七一："党建引领聚合力、不忘初心振乡村"主题党日活动

"我志愿加入中国共产党，拥护党的纲领，遵守党的章程，履行党员义务……"2019 年 6 月 26 日上午 9 时许，化州市那务镇高坡村党支部组织 50 余名党员和入党积极分子，在柑村革命烈士纪念园举行"重温入党誓词"仪式。为庆祝中国共产党成立 98 周年，高坡村党支部开展"党建引领聚合力、不忘初心振乡村"主题党日活动，

通过瞻仰烈士纪念园、学习标杆党群服务中心、参观新农村示范村等方式，组织全村党员干部努力学习邻村在建设发展过程中的开放理念、成功做法和先进经验。

在柑村革命烈士纪念园，全体党员在柑村党支部书记叶觉文的深情讲解中，深刻感受到革命先烈不怕牺牲、艰苦奋斗的爱国情怀，纷纷表示时刻牢记作为一名党员的责任和义务，坚持真抓实干的工作作风，不忘初心、牢记使命，以更加饱满的热情投身到各项工作中去，为实现乡村振兴目标作出更大的贡献。

在大坡村参观时，信宜市池洞镇人大主席吴世坚带领全体党员从温馨的群众活动中心走到翠绿的江岸长廊、从整洁的村道走到宽敞的文化广场，详细讲解大坡村在新农村建设工作中发动全村党员带头、村长负责包干、乡贤资助、全民参与的经验做法；池洞镇大坡村党支部书记陈树隆为全体党员讲述了该村"共建、共治、共享"文化理念，并围绕如何做好村容村貌治理工作提出了意见建议。那务镇高坡村党支部书记袁胜福表示，大坡村的成功做法值得学习借鉴，为我村下一步抓好新农村建设工作开拓了思路。

最后，在吴世坚同志的带领下，全体党员参观了正在建设的信宜市扶贫项目——"莲花湖庄园"。那务镇高坡村第一书记兼扶贫工作队长严陈介绍，开展此次"迎七一"主题党日活动，旨在进一步提升基层党组织的组织力和凝聚力，激发基层党员活力，以党建引领全面工作，谋划好决胜脱贫攻坚，助推乡村振兴。

据悉，"七一"期间，高坡村还将通过开展一次走访慰问贫困党员、上好一堂党课、选好一支节目参加镇七一晚会等庆祝中国共产党98年华诞，以实际行动为党的事业增光添彩，表达人民群众对今天美好幸福生活的珍惜和感恩。

高坡村党支部组织党员和入党积极分子在柑村
革命烈士纪念园举行"重温入党誓词"仪式

高坡村党支部组织党员参观新农村建设宣传栏

信宜市池洞镇人大主席吴世坚为高坡村党员讲解大坡村村容治理成果

（资料来源：新浪广东，2019 年 6 月 27 日）

案例三：别具特色的上屋榜村支部
主题党日活动①

2019 年 7 月 2 日上午，上屋榜村党支部组织所有党员以参观学习的形式开展 7 月份支部主题党日活动，这样形象又生动的主题活动从安徽省金寨县斑竹园镇斑竹园村的一个美丽乡村——邢湾开始。

1. 实地参观，虚心学习

上屋榜村被木子店镇党委定为人居环境大提升的试点村之一，如何开展该项工作，木子店镇无经验可借鉴。经村党支部研究决定，去隔壁邢湾学习。当车子刚到邢湾时，远远望见斑竹园镇人大主席熊国

---

① 指的是湖北省麻城市木子店镇上屋榜村党支部召开的主题党日活动。

清和斑竹园村的张书记在那里等候，看到上屋榜村的熊书记和党员们，他们热情相迎，本打算让大家先休息一下，上屋榜的熊书记说：既然是来学习的，就要争分夺秒，你们的时间都很宝贵的，先参观学习。熊主席和张书记带领大家参观邢湾村，他们边指路边给大家讲解邢湾村的变化和建设，当走到公厕和猪圈边时，大家都停住了脚步，对他们一体化管理感到惊讶。据张书记介绍，他们厕所配有专门管理人员，还标识"公厕管理制度和文明公约"，时刻提醒大家，公厕是大家的，对它要像对待自己家的厕所一样，他们的猪圈统一建设，建设好了的猪圈怎么分配是关键？他们有个好主意，大家抓阄，抓到哪个就是哪个，公平公正。

2. 深抓"党建+扶贫"，助力大家奔小康

紧接着，大家来到一户农家小院，一进去，就被里面的环境吸引住了，院子不大，有花有水有鱼，是个吃饭休闲的好地方，这是邢湾一家农户自己出资建设的，里面的大姐看到我们来了，热情地给大家介绍自己的情况和农家小院的经营状况；大家到里面看了一下，卫生做得很干净，墙上挂着一些茄子、玉米等模具，有一股农家气息。

3. 心得体会，感触至深

在返回村部的路上，大家看到邢湾两边的绿化做得很好，张书记

介绍说，只要土地没有登记到每个人的《土地使用权证》上，就是村集体的土地，使用权归村集体。我们要求村民把拆除的厕所和猪圈土地拿出来，村民也有不同意的，党员干部就要做好带头作用，引导群众，做好群众的思想工作。建设好后，是为全体村民谋福利，村庄变漂亮，环境变美丽，这不是很好嘛。最后张书记带领大家观看了邢湾的美丽乡村建设的前后对比图片。一个美丽乡村的诞生原来同样充满艰辛和坎坷！

看到邢湾以"促进人和自然和谐相处、提升农民生活品质"为核心，围绕"四美——科学规划布局美、村容整洁环境美、创业增收生活美、乡风文明身心美"目标要求，创建的设施配套完善、生态环境优美、和谐的美丽村庄，感受到乡村向着"生活富裕、乡风文明、村容整洁"的目标不断迈进的可喜变化，上屋榜村的党员无不感到震撼："邢湾建设得真好"！

参观结束后，上屋榜村全体党员一同聆听了斑竹园村张书记的经验交流发言。各位党员纷纷表示，这次参观活动很有意义，既欣赏了乡村美景，又领略了美丽乡村的变化，回去后要好好宣传，积极推动上屋榜村的建设和发展。

（资料来源：长岭关吊桥沟乡村旅游微信公众号，2019 年 7 月 5 日）

案例四：福山村①开展"学党史不忘来时路，听党话走好当下路"主题党日活动

为庆祝中华人民共和国成立70周年，深入贯彻落实党中央"不忘初心、牢记使命"主题教育工作会议精神，进一步加强党员党性修养，坚定理想信念，加深爱国情怀，不忘国耻，牢记历史。2019年10月25日，福山村各党支部组织全体党员和村务监督委员会成员先后前往南京参观南京大屠杀纪念馆和国际博览中心参观"礼赞新中国奋进新时代——江苏省庆祝中华人民共和国成立70周年成就展"，开展"不忘初心、牢记使命"主题教育实践学习。

牢记历史 勿忘国耻

南京大屠杀是中华民族的一场灾难，是一段刻骨铭心的国耻。大屠杀纪念馆的灰墙和巨大的雕塑显得尤为肃穆。走进侵华日军南京大屠杀遇难同胞纪念馆，翔实的资料和大量的物件，让参观的党员深刻体会到日本侵略军触目惊心的杀戮和兽行，特别是走进遇难同胞遗骨陈列室，清晰地看见里面的累累白骨密密麻麻地堆放在一起，让在场的人感觉更加沉重和压抑。

大家怀着沉痛的心情重温那段悲痛难忘的历史。在怀着悲痛心情缅怀先烈之时，我们化悲痛为力量，前事不忘后事之师，不仅仅是对历史的学习，更是对历史的借鉴。

"历史可以宽恕，但不可以忘记"。本次学习活动为党员们上了一堂珍贵的党课，使党员们接受了一次爱国主义和革命传统教育，

---

① 福山村隶属于江苏省无锡市惠山区洛社镇。

党性修养得到提升。党员们纷纷表示，现在的幸福生活是无数革命先烈用鲜血为我们创造的，我们唯有不断坚定理想信念，不忘初心，牢记使命，继续前进，发挥党员模范带头作用，为党的伟大复兴的中国梦不断努力，为"海绵乡村　绿水福山"的快速发展而努力奋斗！

继往开来　圆梦中华

本次成就展以"礼赞新中国、奋进新时代"为主题，分设综合展、地方展和室外展 3 个展区，全面展示了新中国成立 70 年来党领导江苏人民进行建设、改革和发展的伟大历程、巨大成就和宝贵经验，突出展示党的十八大以来全省上下贯彻落实习近平总书记关于江苏工作重要指示精神，着力推动"五个迈上新台阶"，特别是推动高质量发展走在前列、建设"强富美高"新江苏的巨大成就。

一组组老照片、老物件，记录了江苏发展、迭代的步伐。党员们走过一个个展区，认真听取讲解员的介绍，仔细观看历史图片、短片视频、模型场景等，全方位感受新中国成立 70 年来江苏省在各个领域取得的新变化、新发展、新成就，深情回顾江苏 70 年的发展历程，深切体会新中国 70 年来不断砥砺奋进的坚实脚步。

在参观过程中，大家纷纷表示，"江苏故事"催人奋进，"江苏速度"引领时代。人民对美好生活的向往，就是我们的奋斗目标。回望江苏发展历程，我们更加坚定为实现中华民族伟大复兴的中国梦而不懈奋斗的信心，积极参与"强富美高"新江苏的建设进程，持续为党的事业贡献智慧和力量。

全体党员纷纷为江苏砥砺奋进 70 载取得的成就点赞，并表示，新中国成立 70 年来的发展成就令人备受鼓舞，将承担起时代责任，磨炼过硬本领、锤炼品德修为，全面发展，求实创新，为实现中华民族伟大复兴的中国梦而不懈奋斗。

结合实际　深入教育

福山村将此次主题党日活动作为"不忘初心、牢记使命"主题教育开展的一次生动的现场实践学习，同时也作为强化全体党员使命担当的重要内容，并将党课搬到展厅，进行爱国主义和中国特色社会主义教育，使这项活动成为贯彻落实"不忘初心、牢记使命"主题教育精神的重要载体。

接下来，福山村各党支部会严格按照学习计划，一步一个脚印，继续深入开展主题教育，让全体党员守护好入党初心，牢记好复兴使命，继续奋进前行。

（资料来源：惠山社区行微信公众号，2019 年 10
月 30 日）

案例五：城郊乡东庄村①党支部开展"全域党建引领，决胜脱贫攻坚"主题党日活动

为纪念建党 99 周年，在决胜脱贫攻坚关键时期增强党组织凝聚力，2020 年 7 月 1 日上午，东庄村党支部在村党群服务中心组织了一场以"全域党建引领，决胜脱贫攻坚"为主题的党日活动。城郊乡党委、乡林蚕菌联合党支部有关领导，县委机关事务局驻村工作队、村第一书记、两委班子及支部全体党员，村内企业党员代表等 30 余人参加了本次活动。

---

① 东庄村隶属于河南省南阳市南召县城郊乡。

一 封 来 信

本次活动的第一项内容，是由驻村第一书记熊道宏宣读一封特殊的来信。这是一封来自中央党史和文献研究院第三研究部党支部的慰问信，信里写道："在庆祝党的99周岁生日之际，我们向东庄村村民们表示诚挚的慰问，向奋斗在脱贫攻坚战一线的党员同志们表示崇高的敬意！"东庄村现驻村第一书记原属党支部一直心系东庄村的脱贫与发展事业，虽远隔千里，组织上的链接与为共同事业而奋斗的情感消解了空间距离。第三研究部党支部在了解到村内困难家庭的情况后，立即行动起来，踊跃捐款，向困难家庭奉献爱心的同时，为脱贫攻坚战的决胜决战助一份力。在信中，三部党支部全体党员向东庄村党员们送上寄语，并祝愿东庄村的父老乡亲们，在我国全面建成小康社会、迈向社会主义现代化的征程上，日子越过越好。

宣读完来信后，第一书记熊道宏向全体党员汇报了三部募捐的情况，并在现场把第一笔捐款发放到困难家庭手中，鼓励他们增强志气，通过自己的努力改变现状。

一堂党课

　　第一书记熊道宏从底线与标志、短板与决定性任务等几个关键词入手，阐释了脱贫攻坚对于全面建成小康社会的全局战略意义。同时从内容纲要、制度体系与战略衔接等方面梳理了扶贫理论体系的主体结构，最后从成就和担当两个角度讲了我国脱贫攻坚战的世界意义。

一次致敬

　　老党员是基层党组织的宝贵财富，在"七一"纪念日对东庄村80岁以上老党员进行致敬具有特殊意义。东庄村村内企业河南三辰菇业有限公司进行了相关捐助，并代表联合党支部为两位老党员王志中、谷秀文送上慰问金，让他们感受到党组织的关怀和温暖。东庄村党支部书记张金先表达了对老党员的敬意，并对村内党建工作下一阶段的重点、制度设置和努力方向作了说明。他强调了农村基层党建工作的重要性，号召全体党员要鼓足干劲，提升东庄村的各项工作水平。最后，全体党员举行了宣誓仪式。

城郊乡党委副书记、乡林蚕菌联合党支部书记李东阳在总结中充分肯定了本次主题党日活动的意义以及东庄村开展的系列党建活动，他对中央党史和文献研究院第三研究部党支部发来的慰问表示衷心感谢，并对党员们进一步强调了东庄村下一步发展的方向，提出希望大家戒骄戒躁，努力改善工作细节，引领东庄村越来越好。

一封来信、一堂党课和一次致敬串联起本次党日活动，让党组织得以凝心聚力，更好引领东庄村各项事业的发展。在本次活动中，东庄村党支部受到来自中央机关党支部的慰问和助力，同时在城郊乡林蚕菌联合党支部框架内，充分吸纳包括来自企业的党建资源，这是东庄村党支部在践行全域党建引领，探索创新党建形式，助力脱贫攻坚的重要实践。

（资料来源：央广网河南分网，2020 年 7 月 2 日）

案例六：党建引领同心共建，躬身实干 为民担当

——新余村①党支部开展"四史"学习教育主题党日活动

自"四史"学习教育开展以来，新余村党支部切实发挥党建引领作用，把"四史"学习教育贯穿于基层社区治理中，积极推进基层党建共融、共建、共治、共享，凝心聚力为村民谋幸福，2020 年 7 月 20 日，村党支部邀请松江区图书馆党支部、中船重工第七〇五研究所上海技术工程部党委及社区卫生服务中心党支部等 11 家共建单

---

① 新余村隶属于上海市松江区车墩镇。

位共同参与了一场"学""做""听"相结合的主题党日活动，引领村民群众积极投身到自治共治、振兴美丽乡村计划中，主动破解村民群众急、难、愁、盼等问题。

"做"先锋表率，创美好家园

"将'四史'学习教育与振兴美丽乡村结合起来是我们举办这个活动的初衷，让参与活动的党员及青年群众能够有所体验、有所收获、有所思考。"村党支部书记李迎春说道。村党支部根据村民实际需求在老年活动室中设有量血压、理发、宣传教育等志愿服务，村民们足不出村即可享受党员先锋及群团青年带来的便民服务。活动中，老党员们结合"四史"学习教育，以革命先烈的英勇事迹为主要内容，向参与志愿服务的年轻党员及群团青年传达了志愿服务的实践意义及重要性，鼓励他们把党的理论知识和精神应用到实践中去，全心全意为人民服务。大家纷纷表示受益良多，在今后将继续发挥作用，倍加珍惜并积极努力把家园建设得更加美好，努力构建后勤保障的先锋队，坚持服务群众，勇于担当作为。

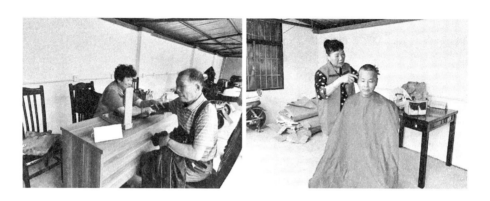

"学"红船精神，载初心使命

在本次活动中，村党支部邀请了铁道老兵朱渭民为活动人员上了一堂"为国修铁路、挑战不可能"的"四史"微党课，不仅为"四史"学习教育开了个好头，也丰富了党员们的历史知识。课上，朱渭民用他一生作为铁道兵的思想觉悟和所见所闻讲述了铁道兵的优良品质及红色精神，活动人员一边聆听党课一边记着笔记，积极主动参与课堂互动，现场氛围一片火热。随后，中船重工第七〇五研究所上海技术工程部党委向村党支部捐赠了健身器材，区图书馆党支部向村党支部捐赠了书籍，其中大量"四史"教育类图书为阅览室增添了"红色气息"，共同为新余村新改造的老年活动室、阅览室助力，此次捐赠不仅在资源上给予了有效支持，更促进了村党支部与共建单位之间的文明共建和文化共享，共同推进创建文明城市进程。

此次主题党日活动，新余村党支部聚焦协同联动，创设多样化形式载体，以"四史"为专题开展一系列理论与实践相结合的活动，注重资源挖掘，让"四史"学习教育更深入党员内心。

（资料来源：松江车墩微信公众号，2020 年 7 月 24 日）

案例七：这样的主题党日活动切实有效

——记罗汉寺街张杨村①支部主题党日活动

2021 年 1 月 9 日上午，罗汉寺街张杨村在本村会议室开展了支部主题党日活动，村两委及该村老中青年党员计 28 人参会活动。

活动期间，新任党支部书记张良俊全面、客观地总结回顾了 2020 年以来的工作。他说，2020 年是极不平凡的一年。张杨村两委在罗汉寺街道党工委、办事处的垂直领导下，开展了 5 个方面的工作，重点做了以下 8 件实事。

5 个方面的工作：一是疫情防控。从大年三十（2020 年 1 月 24

---

① 张杨村隶属于湖北省武汉市黄陂区罗汉寺街道。

日）至 4 月中旬，张杨村两委带领党员群众和青年志愿者一道，坚守疫情防控近 60 个日日夜夜，克服多重困难，终于保得全村的一方平安。

二是防汛护堤。2020 年相对往年，下雨天数长，雨量大，汛情严峻，防涝护堤时间紧迫，任务繁重。既要排除本行政村 6 个自然湾因洪而困、因涝而灾的情况，又要努力完成街道下达的指令任务：确保合丰村李家篓子地段安全度汛。在街道党工委和办事处的领导和指挥下，村两委与青年志愿者一道，经过一个多月的日夜苦战和防守，胜利完成上级交给的防汛排涝任务。

三是协调、服务国家建设工程有序开展。2020 年开始的武大高速、李王路地段的征用及房屋拆迁，所涉及的地段纵横交叠，涉及的村湾复杂、户数多，需要处理协调的事项繁杂居多。仅迁坟一事就涉及詹家岗、四合村、小耿湾、下罗湾等累计达 133 座。房屋拆迁，坟地移迁过程中，曾遭遇多方面的阻力，困难重重，都是一块一块难啃的硬骨头。但新的党支部、村委会攻坚克难，迎难而上，组织专人上门，一对一进行讲解、协调，以人为本，并认真落实政策，化解矛盾，最终使一系列工作得以做通，全面完成党和政府交给的各项任务。

四是 2020 年为精准扶贫的收官之年。必须严格落实政策，实事求是地将扶贫工作落到实处，把党和政府的温暖送到群众的心上，把扶贫工作夯实夯牢。

五是民生工程。2020 年至 2021 年，政府在张杨村实施几项民生工程，即路改、电改、清水和污水处理。

八件具体实事：

1. 硬化、修建张杨湾一组路边、门前广场，包括新建花坛，安装健身器材、路灯；

2. 硬化同湾一组排水沟 150 多米；

3. 彻底解决张杨湾二组几十年来未曾解决的门前塘的淤塞和荒草连天的问题;

4. 对四合村湾门前塘埂进行护坡加固,安装体育器材;

5. 修复、硬花小耿湾旧有破损人行路;

6. 硬化下罗湾晒粮场 100 平方米;

7. 清理并维修同湾塘外边流水沟;

8. 在街道领导和相关人士的亲自关怀和支持下,完成了张杨村两委新办公大厅的修建和装修,改善了本村原本陈旧的办公环境。

张书记对 2020 年的工作回顾和总结在参会党员群众中引起了强烈共鸣,大家对新一届村两委一年来的工作给予高度评价,深得同志们的认可。

接下来,前任老书记黄传明,老干部张水生、张儒国,退役老兵耿良新,老党员张全山,退休老教师罗树青等党员干部和群众就张杨村的新形势、新发展以及实际情况纷纷发表谈话,提出了很多好的建议。村两委成员对同志们的发言非常重视,他们认真倾听,不停地做好记录。最后,张良俊书记对同志们的发言和提出的建议表示衷心的感谢!

这次的主题党日活动有主题,有重点,有实际内容,不摆空架子,不说空话、套话。书记的总结实实在在;大家的发言敞开胸怀。整个主题活动气氛活跃,讨论热烈,关键是解决问题。事实证明,新任书记张良俊和村两委是在切实履行他们的职责,有热情,有能力,有担当,处事雷厉风行,不拖拉,不推诿。大家一致认为,这样的主题党日活动切实有效。

(资料来源:黄陂热线微信公众号,2021 年 1 月 14 日)

案例八：铸魂固本强党性，凝心聚力谱新篇

——范镇孟庄村①党支部主题党日活动

2021 年 1 月 27 日下午，范镇孟庄村党支部来到泰安主题党日活动中心，开展"铸魂固本强党性，凝心聚力谱新篇"主题党日活动。

"我们为什么要'不忘初心、牢记使命'？"在初心广场，党员们深入思考，在习近平总书记关于"不忘初心、牢记使命"的重要论述中找寻答案，在学习感悟中坚定初心，进一步明确职责使命和努力方向。

在泰安党史馆，通过观看珍贵的文字图片资料、实物模型，大家对党的历史有了更深入的了解。烈士朱霄、龙廷七巾帼、徂徕山抗日武装起义……一个个感人至深的故事，启发党员们深入思考如何坚守初心、牢记使命、砥砺前行。"通过参观，我深刻感受到那些不惧艰险、不怕困难的革命先辈们，用鲜血换来了来之不易的新生活，我们要倍加珍惜，为共产主义事业奋斗终身。"党员李灿美说。

---

① 范镇孟庄村隶属于山东省泰安市岱岳区。

　　"我志愿加入中国共产党，拥护党的纲领，遵守党的章程，履行党员义务，执行党的决定……"来到宣誓厅，党员们面对党旗，高举右拳，重温入党誓词，宣誓声铿锵有力，深切表达了对党的忠诚坚定。

　　在红色影院，大家一同观看了专题片《巩固脱贫攻坚成果，推进乡村振兴战略》。通过感受两个村庄由穷变富、由弱变强的奋进历程，加深对习近平总书记关于脱贫攻坚的重要讲话和重要指示精神的理解。

　　在五楼会议室，范镇三级主任科员王拥军首先谈了参观活动中心的几点感受，他指出，中心建设和布局非常好，能够很好地反映出中国共产党的艰辛发展历程。他还对中心活动内容的提升提出了具体建议。结合观看的专题片《巩固脱贫攻坚成果，推进乡村振兴战略》和实际工作，王拥军谈了在村集体发展上的想法和体会。年关将近，他强调村"两委"一定要严格做好疫情防控的各项工作，确保人民群众生命健康安全。随后，范镇孟庄村党支部副书记孟宪军总结了一年来本村的工作情况，并对下一年的工作进行了部署。在座的党员们仔细聆听、认真记录，并结合学习内容和实际工作进行交流研讨，依次表态发言。

　　为全面提升活动效果，增强党员教育的吸引力和感染力，活动中心最新引入现代化 VR 设备。在三楼会议室，VR 视频学习的新颖活动形式吸引了每一位党员。大家身临其境般走进中共一大会址纪念馆的虚拟空间，聆听中国共产党建立的历史过程，感悟共产党人的不变初心。党员杨利翠说："这种体验真的太好了，我们好像真到了现场一样，能真真正正感受到中共一大会址纪念馆的历史氛围。"

　　（资料来源：泰安主题党日活动中心微信公众号，2021 年 1 月 27 日）

案例九：调好四味套餐，丰富主题党日

——东辛店镇小王村①党支部 1 月份主题党日纪实

2021 年 1 月 29 日下午 2 点，东辛店镇小王村 10 名党员早早地来到村办公室，围绕"扬帆启航'十四五' 全面开启新征程"开展了一次有滋有味的"四味"主题党日。

规范先行 主题党日"党味"纯正

小王村党支部围绕主题开展了规定动作，组织党员签到、奏唱国歌，重温入党誓词；学习《中共中央关于授予周永开、张桂梅同志和追授于海俊、李夏、卢永根、张小娟、加思来提·麻合苏提同志"全国优秀共产党员"称号的决定》；学习《中国共产党党员权利保障条例》；签订《党员、干部拒绝邪教承诺书》，观看"灯塔——党建在线"中反邪教科教电影《回归——警惕邪教侵害》；党员"量化积分 红黄蓝榜"管理月度打分；党员交纳个人 1 月份党费。通过开展 6 项规定动作，小王村主题党日"党味"配足，党员干部党性得到了锤炼，素质得到了提高。

送学上门 主题党日"情味"纯真

小王村党员姜国胜今年 82 岁，1972 年 12 月入党，是小王村岁数和党龄最大的党员。入冬以来，老人由于岁数过大不便出门，村党支部组织两名年轻党员主动入户为其送学上门，为老人送去书籍和新春挂历，认真询问老党员姜国胜的身体状况，并叮嘱他要注意休养、保

---

① 东辛店镇小王村隶属于山东德州市庆云县。

重身体。老党员姜国胜激动地说："感谢支部来看我，还给我送来书籍，这心里头很暖和。"一句问候，一声叮咛，一本读物，一份关怀，"送学上门"活动让老党员足不出户了解党的最新方针政策和学习内容，不仅沟通了思想，联络了感情，增强了党员的归属感，充分发挥了基层党支部服务群众、凝聚人心、促进和谐的积极作用。

戴上党徽是党员，穿上红马甲是志愿者，由小王村党员组成的新时代文明实践党员志愿服务队活跃在该村的大小路口，有条不紊地开展着疫情防控工作。在本月主题党日规定动作结束后，党支部组织党员开展了疫情防控宣传画的张贴工作，并由党员志愿者在村主要路口提醒群众做好卫生工作，勤洗手、多通风，减少聚会，公共场所应佩戴口罩等。党员志愿者组成义务消杀队，对村级党建场所、各路口开展了细致消杀。党支部利用村级大喇叭，播放《方言话疫情防控"三句半"》，通过通俗易懂的家乡话将疫情防控工作传达到每一户村民，打通了防疫宣传最后一公里。

党群联合　主题党日"甜味"暖心

"你好，请停下车，在这儿登个记。"在小王村进村路口值班的贾世豪说道。贾世豪和王建森是小王村在外就读的两名大学生，这个寒假，两位年轻人没有选择在家里刷手机、玩游戏、看电视，而是主动请缨到村里的疫情防控值班点志愿值班，为村里的疫情防控工作贡献了年轻大学生的力量。在主题党日开展时，大队部内党员活动开展得有声有色，两个年轻大学生则在值班室认真值班，仔细地对过往车辆和人员做好登记工作。"我们是小王村走出来的大学生，这几天看到村里的党员为疫情防控工作很忙碌，能给自己村里出份力量，我们也很高兴。"王建森笑着说道。除了日常的值班工作之外，两位年轻的大学生利用自身优势开展了过往人员车辆的行程卡、健康码查询工作，助力村里的疫情防控工作。

（资料来源：庆云县东辛店镇人民政府微信公众号，2021年2月4日）

案例十：闫楼村①党支部"回顾、展望、奋进"主题党日活动暨组织生活会

一年之计在于春，扬帆启航正当时。为深入学习贯彻习近平新时代中国特色社会主义思想，进一步深化党建引领，坚守初心和使命。2021年2月7日下午，闫楼村党支部在党员活动室开展"回顾、展望、奋进"主题党日活动暨组织生活会，第一书记毛蓬阁、包村干部黄瑞芳参加。

---

① 闫楼村隶属于河南省许昌市长葛市后河镇。

1. 回顾一起走过的 2020

一是回眸 2020 年，交答卷；支部书记闫东锋对 2020 年度支部工作进行了回顾，这一年支部通过各类主题党日活动、实践活动等，不断提高了支部党员的凝聚力和向心力，感谢每位党员的努力和奋斗。

二是回顾 2020 年，聚合力；这一年对于每一名党员来说，是尽显奋斗精神、充满韧劲的一年，这一年我们党员凝心聚力守护自己的家园，感谢每一位党员的辛勤付出，党员敢于冲在一线，为群众的安全坚守"疫"线。

三是展望 2021 年，再起航；支部党员联系自身 2020 年的经历对 2021 年进行展望交流。对于支部建设、学习等方面谈感受、说想法、提意见。

2. 开展组织生活会

支部书记通报支部委员会查摆问题、党员对自身存在的问题进行认真剖析，认真查找自身问题，自我批评，并提出下一步整改措施。党员们一致认为，此次组织生活会直面问题，实事求是，进一步提高了大家的思想认识水平，看到了彼此之间的差距和需要整改的问题，增强了组织的凝聚力和归属感。

本次组织生活会的开展是对党员守初心、担使命、找差距的一次政治体检，使得每位党员经受了一次严格的党性锻炼和精神洗礼。

3. 民主测评

第一书记就闫楼村下一步发展进行科学谋划并组织民主测评，活动中，党员们回顾过去一年的难忘经历，畅谈对新时代、新征程的憧憬与期待。

闫华伟：通过今天的主题党日活动，我明显感觉到自己对标优秀党员还是有很大的差距，比如说自己参加志愿服务活动偏少，我想在新的一年，要认真做到年初的承诺，充分发挥党员先锋模范作用。

闫丙乾：参加了今天的活动，回顾去年一年，我们一起守护我们自己的家园的场景历历在目，为我们的团结点赞。2021 年，我要争做优秀党员，深入学习理论学习，提升综合素质。

闫景岭：今天的活动我们一起回顾了 2020 年，一起展望新的一年，我要时刻谨记责任和信仰，为争创"五好"支部而贡献自己的一份力。

4. 活动小结：

此次主题党日活动使党员们进一步牢记党的宗旨，激励党员不忘来时路，永葆初心和使命，树立更高的标杆。使我们党员在回顾中提高，在回眸中展望，在激励中奋进。

2021 年让我们齐心协力，开拓进取，以党建引领推动村各项工作取得新突破，在乡村振兴中凝心聚力、再续华章。

（资料来源：闫楼我的老家微信公众号，2021 年 2 月 7 日）

第二章 社区党支部主题党日活动案例

城市工作在党和国家工作全局中占有举足轻重的地位，是各级党委工作的重要阵地。社区党支部是党在城市全部工作和战斗力的基础，在城市管理、服务市民方面发挥了举足轻重的作用。2004 年《中共中央组织部关于进一步加强和改进街道社区党的建设工作的意见》规定，社区党支部（总支、党委）是"社区各种组织和各项工作的领导核心"。

截至 2019 年 12 月 31 日，105257 个社区（居委会）已建立党组织，覆盖率均超过 99%。随着新型城镇化快速推进，城市社会结构、生产方式和组织形态深刻变化，社区生活日益普遍化，社区党组织承担的推进基层社会治理、服务凝聚群众等任务更加繁重，对加强社区党组织建设提出了新的更高的要求。如何通过主题党日开展不断加强社区党组织建设，夯实党在城市的执政基础，推进城市治理体系和治理能力现代化，落实习近平总书记"城市是人民的城市，人民城市为人民"的讲话精神，不断把我们生活的城市建设的更加美好，成为各级党组织需要解决的重点。

《中国共产党支部工作条例（试行）》将社区党支部的基本任务规定为，"全面领导隶属本社区的各类组织和各项工作，围绕巩固党在城市执政基础、增进群众福祉开展工作，领导基层社会治理，组织整合辖区资源，服务社区群众、维护和谐稳定、建设美好家园"，为通过主题党日活动的开展来加强社区党支部建设指明了方向。

　　针对实践中各社区党支部主题党日活动形式单一、主题固定、吸引力不足等问题，全国各省份社区党支部立足自身实际，在活动形式、活动主题、活动场所等方面进行了创新探索。由于全国社区数量众多，无法将优秀案例一一囊括，在本章中我们只选取了部分省份的典型创新案例，并按照时间顺序进行排列，其中既包括了传统社区党支部，也包括医院社区以及学校社区党支部，力求兼顾各种类型社区，为各地社区党支部建设提供有益的借鉴和帮助。

案例一：开展警示教育　　践行精准扶贫

——社区①党支部主题党日活动

————————

①　指的是郑州大学五附院社区。

为进一步学习贯彻落实党的十九大会议精神，加强党风廉政建设，筑牢党员拒腐防变的思想防线，提高党员的遵纪守法意识，践行精准扶贫承诺，2018年1月20日，郑州大学五附院社区党支部9名党员赴滑县开展主题党日活动。

全体党员首先参观了河南省廉政教育基地——"暴方子纪念馆"，拜谒了一位距今一个半世纪的清代廉吏暴方子，接受了一次真正的精神洗礼。跟随讲解员精彩的解读，大家怀着崇敬的心情，细细聆听着暴方子清正爱民、舍身为国的廉政事迹。常言说："三年清知府，十万雪花银"。暴方子却是为官十余年不贪一文钱，平时所得俸禄大部分用于公共设施建设和捐给社会福利事业，生活困顿时只好让家人靠捡菜叶为生。他高尚的人格魅力和无私奉献精神让后人敬仰、敬佩、敬重。

随后，全体党员一起参观了滑县预防职务犯罪警示教育基地，展室正上方设置有一把利剑的造型，寓意是"反腐利剑"。通过这次参观教育活动，大家深受熏陶和教育，纷纷表示要以此次参观学习为契机，不断加强自身党性锻炼，提高廉洁责任意识，筑牢反腐倡廉思想防线，始终保持共产党人清正廉洁本色，切实做到警钟长鸣、廉洁从政。

滑县是革命英雄辈出的地方，全体党员驱车来到滑县烈士陵园，在烈士纪念碑前肃立、默哀，向革命先烈敬献花篮，拜谒、祭扫革命烈士墓地，重温入党誓词，接受了一次爱国主义和革命传统教育。大家纷纷表示，要继承革命先烈遗志，不忘初心、牢记使命，自觉把岗位当阵地守、把工作当事业干、把奉献当本分看，以饱满的政治热情和昂扬的精神状态，积极投身到实际工作岗位中。

最后，全体党员不顾寒冷的天气，驱车赶到滑县北留村，为这里的村民开展义诊扶贫活动。现场共为30多位村民测量血压，提供健康生活方式指导服务。这里的村民平时农活繁重，没有保持良好的生

活习惯，血压普遍较高，具有丰富临床经验的专家给出了诊疗方案，
让他们在家门口享受到了省级三甲医院的医疗服务。

社区党支部书记李中峰与村支书就村民的健康状况、扶贫情况进

行了沟通交流，并代表郑州大学五附院志愿者为孩子们赠送了书包、文具等学习用品，鼓励孩子们好好读书。此次对偏远农村的义诊扶贫活动取得了良好效果，再次体现了郑州大学五附院热衷社会公益事业的爱心义举。

主题党日活动是推进"两学一做"学习教育常态化制度化的生动实践，也是认真学习贯彻落实十九大精神的具体表现。郑州大学五附院全体医务人员将以持续改善老百姓的就医感受为目标，积极推行亲情化、优质化服务，把义诊服务活动长期开展下去。

（资料来源：郑州大学第五附属医院微信公众号，2018 年 1 月 22 日）

案例二：共驻共学谋发展，党员先锋献爱心

——碧海社区①兴筑党支部开展主题党日活动

2018 年 5 月 2 日下午，碧海社区兴筑党支部开展主题党日活动。活动由支部书记陈秀英主持，并有幸邀请到"全国最美社区人"、贵州省道德模范、碧海社区新时代市民讲习所宣讲人刘兴顺参加此次主题活动，还特邀金阳建投集团土开支部的全体党员和兴筑"两委"成员、流动党员、共治单位代表、居民代表、志愿者代表参加了此次活动。

在主题党日活动中，刘兴顺老师将自己学习十九大精神和学习习近平新时代中国特色社会主义思想的感想与大家分享共勉。刘兴顺老师首先引导大家回顾了中国共产党的光辉历史，在艰苦的革命战争

---

① 碧海社区隶属于贵州省贵阳市观山湖区。

年代是中国共产党带领人民战胜一切艰难困苦，今天的幸福生活是无数革命先烈用生命和鲜血换来的，我们生在一个伟大的新时代，更要倍加珍惜，撸起袖子加油干，永远缅怀革命先烈的丰功伟绩。刘兴顺老师还满怀深情地朗读了方志敏烈士用炽热的情感写下的《可爱的中国》，结束了当天的宣讲活动——"我们相信，中国一定有个可赞美的光明前途，到那时到处都是活跃的创作、到处都是日新月异的进步……"

会上，金阳土开支部书记吴宏发表了讲话，他说："非常感谢兴筑党支部组织的主题党日活动，脱贫攻坚、精准扶贫是我们党在新时代的庄严承诺，是国有企业应尽的一份社会责任，金阳土开支部将会一如既往的与兴筑党支部共同努力做好后续帮扶工作，为积极营造和谐美丽的幸福家园贡献我们的力量。"

会议结束后，在陈秀英书记的安排下，金阳土开支部一行10人在碧海社区兴筑居委会工作人员的带领下，前往困难户李萍家中进行慰问，并送上食用油、营养保健品，表达一份心意，随同进行慰问的还有辖区老共产党员黄荣会、高大惠夫妇，将他们200元慰问金送到了李萍手中。李萍表示，非常感谢党和政府以及各界爱心人士的关爱，有信心战胜病魔，健健康康地活着，将来有机会回馈社会。随后一行人又来到智障儿童母云峰家中进行慰问，金阳土开支部的吴宏书记表示要尽快与有关机构和组织协调，更好地帮助孩子在将来的人生道路上自强自立。

碧海社区辖区居委通过开展主题党日活动，有效地加强了党员的教育、督促党员履行社会责任，并加强了党员服务群众的能力。下一步，碧海社区将继续指导居委会开展形式多样的主题党日活动，更好地发挥党员在社会中的先锋模范作用。

（资料来源：碧海e家亲微信公众号，2018年5月4日）

案例三：知行合一提升党性修养，"政治生日" 点亮入党初心①

连雨不知春去，一晴方觉夏深。为了向党的 97 岁华诞献礼，2018 年 7 月 5 日上午 9 点，武昌区南湖街都市桃源社区总支部委员会下属支部和两新组织联合支部一起，在社区二楼开展 7 月份支部主题党日活动，活动主题为"牢记习近平总书记'四个切实'嘱托，争当'四个方面'排头兵"，都市桃源社区党员及两新组织党员共 50 多人参加了此次学习活动。

重温入党誓词

在新大地新转入社区党员吴兴剑同志的领誓下，社区党员们佩戴党徽，高举右拳，共同庄严宣誓："我志愿加入中国共产党，拥护党的纲领，遵守党的章程，履行党员义务，执行党的决定，严守党的纪律，保守党的秘密，对党忠诚，积极工作，为共产主义奋斗终身，随

---

① 指的是湖北省武汉市武昌区南湖街都市桃源社区党支部。

时准备为党和人民牺牲一切，永不叛党。"通过重温入党誓词，党员们回忆入党初衷，坚定决心，不断提高党员意识。

集体诵读党章

会上社区严格按照五项规定动作开展活动，先锋党员戴启恒为大家讲授了以不忘入党初心、新时代新奉献为主题的微党课，同时观看了"新时代湖北讲习所（武汉）"党的十九大精神 100 讲微视频，《情系人民　心牵创新——习近平总书记考察湖北回访记》专题片，开展专题研学：主题——深入学习贯彻习近平总书记视察湖北重要讲话精神。

忆初心，传承红色基因

7月，支部主题党日活动结束后，全体党员以支部为单位开展清理广场牛皮癣（为党争辉见行动）。新世纪网格支部党员开展垃圾分类志愿者服务活动；都市桃源网格支部党员每周四晚小区安全巡逻。

通过每月支部主题党日活动的开展，社区内的广大党员干部深受教育，党性修养不断提升，为民服务意识不断增强。今后都市桃源社区党总支将全面推行"党日+志愿服务"活动模式，以更加丰富多彩的形式加强对广大党员的教育，带领党员做好居民服务工作，进一步激发党员为民服务的热情，以党建工作引领社区治理，使社区发展的更加美好。

（资料来源：南湖街都市桃源社区微信公众号，

2018 年 7 月 6 日）

案例四：亮甲店社区①党支部开展"弘扬革命传统，传承红色精神"主题党日活动

为贯彻"两学一做"学习教育常态化制度化要求，牢牢把握党支部建设重点，抓好制度建设，使基层党支部进一步强起来，亮甲店社区党支部引导党员筑牢初心，运用红色文化资源开展党性教育，让党员受到精神洗礼。2018 年 10 月 12 日上午，在支部书记姚杰同志带领下，亮甲店社区党支部来到位于北京市房山区霞云岭乡"没有共产党就没有新中国"纪念馆参观学习。

纪念馆位于北京霞云岭国家森林公园西部，占地约 6000 平方米，其中展馆建筑面积 1800 平方米、传唱大舞台 4000 平方米。展馆共分 A、B、C 三个展区，展览内容运用文字、摄影、绘画、浮雕、蜡像、

----

① 亮甲店社区隶属于北京市海淀区八里庄街道。

幻影成像等传统与现代相结合的艺术手段，陈列了革命历史介绍的展板，包括根据地的建设展示，《没有共产党就没有新中国》歌曲的创作过程，展出照片 800 幅，油画 1 幅，浮雕 1 幅，蜡像 1 尊，幻影成像 1 部。1943 年 10 月，曹火星同志在此创作的《没有共产党就没有中国》歌曲，伴随着中国革命的胜利唱遍了全中国，特别是 1950 年，毛泽东同志把此歌曲改为《没有共产党就没有新中国》，成为了一首家喻户晓的不朽歌曲。

党员同志认真聆听讲解员的讲解，驻足观看照片展板，参观保存的曲作者曹火星当年创作词曲旧址，通过参观学习，进一步了解到歌曲从革命战争时期唱起，一直唱到了社会主义建设新时代，久唱不衰、历久弥新，究其根本原因在于这首歌反映了历史的真理，表达了亿万中国人民的心声。参观后，支部还在纪念馆内重温入党誓词，加深对入党誓词的理解。

参观结束后，社区预备党员张莉莉谈了对此次活动的体会：通过今天的参观，给我自己上了一节深刻的党课。作为一名社工，我要学习和继承革命先辈的理想和信念，发扬他们的革命精神，不怕苦不怕累，吃苦在前享受在后，全心全意为社区居民服务。社区发展对象柳玲丽也谈了对活动的体会：通过这次实地参观，我不仅对中国革命历史又多了一些了解，而且也是对我精神层面的一次洗礼。在今后的工作生活中，我要继承和发扬共产党员的革命精神，坚定理想信念，踏踏实实地做好本职工作，更好的为社区居民服务。

党支部书记姚杰对本次活动进行总结：通过本次参观活动，全体党员思想深受教育，希望今后不论在生活中还是工作中，大家要不断增强党员意识，积极发挥先锋模范作用。坚定服务信念。我们在纪念馆重温了入党誓词。作为一名党员，要努力工作，不断创新，勤于思考，刻苦学习，以更加昂扬的精神和更加积极的工作态度投入到今后的工作和学习中去。

（资料来源：最美西北旺微信公众号，2018 年 10 月 12 日）

案例五：城西社区①党支部开展"重温入党誓词，不忘初心跟党走"主题党日活动

为庆祝中华人民共和国成立 70 周年和青海解放 70 周年，2019 年 9 月 20 日城西社区党支部组织开展"重温入党誓词，不忘初心跟党走"主题党日活动。

"我志愿加入中国共产党，拥护党的纲领，遵守党的章程，履行党员义务，执行党的决定，严守党的纪律，保守党的秘密，对党忠诚，积极工作，为共产主义奋斗终身，随时准备为党和人民牺牲一切，永不叛党。"在城西社区党支部书记白俊麟的带领下，参加活动的全体党员和预备党员举起右手，铿锵有力地庄严宣誓，表达了他们对党无限忠诚和为共产主义事业奋斗终身、永葆党员先进性的坚定信念。

---

① 城西社区隶属于青海省海西蒙古族藏族自治州天峻县新源镇。

宣誓结束后，党员们的记忆阀门打开了。65 岁的老党员邱青林同志向大家讲述了如何从一名程序上的党员成为一名思想上的合格党员，并号召大家要不忘初心，踏实做好本职工作，服从党的安排，为党的事业添砖加瓦。74 岁的党员焦巴同志讲述了自己退休前是在交通局工作，在退休后，牢记自己的党员身份，秉承党的光荣传统，发挥余热，将全心全意为人民服务的宗旨贯彻到底。社区 70 岁退休党员肉巴同志讲述了自己的入党经历，1980 年参加工作入党，2006 年退休，对党充满着无限激情和忠诚，虽然入党历程曲折，但入党的初心不曾改变，始终相信党，对党有信心！

尽管每个人的入党经历不同，但老党员们都有个共同点，就是对党忠诚，对党的信仰、信念、信心永不变。老党员的分享交流让年轻的党员、预备党员们更坚定了为共产主义事业奋斗终身的信心和决心，纷纷表示要以更加饱满的热情投身日常学习与工作，切实发挥共产党员的先锋模范作用，永葆共产党员的政治本色。

随后社区工作人员组织大家来到一站室便民大厅观看扫黑除恶宣传片，全体社区工作人员、辖区党员、社区志愿者一同观看了以"利剑除黑恶、忠诚保平安"为主题的扫黑除恶系列宣传片。宣传片内容丰富，主要涉及扫黑除恶知识普及、黑恶犯罪案件分析等。

观看结束后，社区工作人员对学习扫黑除恶的重大意义有了更多领会，与辖区党员、群众进行了交流，党支部书记白俊麟强调，全体社区工作人员、辖区党员、社区志愿者时刻提醒自己留意所在网格、小区、街道内黑恶势力信息，及时发现立即反映，要发挥带头先锋模范作用，引导居民遵纪守法，并鼓励居民参与到扫黑除恶的工作中来。

（资料来源：天峻县新源镇城西社区居民委员会，2019 年 9 月 20 日）

案例六：雄嘎社区①党支部开展"不忘初心、牢记使命"主题教育暨主题党日系列活动

丹桂飘香辞九月、欢天喜地迎"十一"。为庆祝新中国成立 70 周年，扎实推进"不忘初心、牢记使命"主题教育，2019 年 10 月 4 日，雄嘎社区党支部组织社区全体党员、驻村工作队、警务室民警、居民老党员代表开展了"奏唱国歌""重温入党誓词""亮党员身份""我为祖国过生日、同唱一首红歌""拍一张合影""写一句初心体会""观一部红色影片"等系列主题党日活动，城关区人大常委会副主任次仁德吉、扎细街道相关负责人出席活动。

奏唱国歌悟初心

在鲜艳的五星红旗前，全体人员伴随着激昂雄壮的奏乐声唱起国歌，共同感悟共产党的初心，本次活动也在这庄严肃穆的氛围中拉开了帷幕。

重温誓词记使命

活动开始，在社区党支部主要负责人的领誓下，在场全体党员对着党旗共同重温了入党誓词，回想了入党之初对党和人民的庄严承诺，牢记为人民服务的使命，坚定理想信念，永葆共产党员政治本色。

---

① 雄嘎社区隶属于西藏自治区拉萨市城关区扎细街道。

亮党员身份守初心

在佩戴党员徽章、亮党员身份环节中，社区老党员代表、社区党员代表们认真、严肃地将红灿灿的党徽佩戴在各自的胸前，把党员身份亮出来，时刻提醒自己守初心，树形象，自觉以党员标准检查对照自己，以昂扬的精神状态对待工作，用实际行动向中华人民共和国成立70周年献礼，为党旗增彩，为党徽增光。

过生日唱红歌表初心

伴随着全体党员高唱"今天是你的生日，我的中国……"在悠扬歌声中，开始了"我为祖国母亲庆生"活动，由次仁德吉和社区老党员共同点燃了为庆祝新中国成立70周年献上的生日蛋糕上的蜡烛，同时两位共同切下了献礼祖国70华诞生日蛋糕，共同为祖国母亲庆生，悠扬的旋律和嘹亮的歌声表达了全体党员浓浓的爱国初心。

红色电影忆初心

最后，大家共同观看了红色影片《建国大业》，影片讲述了从1945年抗日战争结束到1949年新中国成立前夕发生的一系列故事，让大家再次回顾了新中国成立前夕的艰苦之路，感受了先辈们为建设新中国所作的伟大贡献，进一步激发了大家深深的爱国之情。

在祖国母亲70岁生日之时，在"不忘初心、牢记使命"主题教育持续开展下，社区党员们处在新时代，站在新起点，扬帆启航、不忘初心、牢记使命、砥砺前行，努力谱写新时代社区各项事业的新篇章。

（资料来源：拉萨城关发布微信公众号，2019年10月7日）

案例七：热电社区①党支部开展"战疫情、
战一线、当先锋"主题党日活动

生命重于泰山，疫情就是命令，防控就是责任。热电社区党支部结合防疫工作情况，把日常防疫工作与"三会一课"、主题党日结合起来。2020年2月15日，开展了"战疫情、战一线、当先锋"主题党日活动，为打赢这场没有硝烟的战争，支部党员同志不忘初心、牢记使命，争当先锋。

一、空中课堂，高举疫情党建引领旗

热电社区党支部结合疫情的实际情况，采取线上学习的形式，开展疫情防控"空中党课"活动。支部组织党员们在线上收看了《新型冠状病毒肺炎的传染源和传播途径第四版诊疗方案解读》和《疫情当前，家中该如何消毒》视频。"空中党课"依托网络交流平台，以分散个人自学、交流学习体会为主，学习新型冠状病毒肺炎的最新知识。

二、牢记初心使命，勇于奉献担当

支部要求党员们要以疫情防控工作成效来检验和拓展"不忘初心、牢记使命"主题教育成果。以强烈的政治责任感，冲在前、做在先，争做疫情防控示范者，强化党员意识，在疫情防控工作中充分发挥先锋模范作用。

三、党群同心，吹响疫情抗击集结号

党建凝聚力量，旗帜引领方向。热电社区党支部充分发动党员和群众，以必胜信念扎实作风，深入有效做好防控工作，打赢重大疫情

---

① 热电社区隶属于黑龙江省黑河市北安市庆华街道。

防控这场阻击战。号召行动支部党员切实发挥战斗堡垒和先锋模范作用，全面落实联防联控措施，及时把党的政治优势、组织优势和群众优势转化为疫情防治斗争优势，让党旗在防控疫情第一线高高飘扬。

支部党员积极参与防疫工作，根据物业小区的划分，与群众志愿者、物业单位志愿者结对，全覆盖无死角地宣传新型冠状病毒防控措施，并参与门岗值守、入户排查等工作，切实做到对所有人员和车辆必询问、必登记、及时掌握小区人员和车辆的动态、消除隐患，给居民送上一颗"定心丸"。

四、多措并举，筑起疫情防控防护墙

热电社区党支部结合本辖区实际情况进行部署、组织多方力量，全员出动，协同发力，将《新型冠状病毒肺炎防控须知》《北安市疫情防控违法违纪情况有奖举报实施方法》等宣传单送至每家每户，进行精准排摸、信息登记，给居民发放口罩，并在各个小区楼道单元门张贴防控告知书和注意事项，同时结合社区广播"大喇叭"、横幅、电子屏、居民微信群等宣传途径，带头做好群众思想工作，带头落实防控措施，广泛宣传疫情防控知识，协助社区工作人员每日上门巡查辖区内居家隔离人员情况、参与居家隔离户代购服务……以实际行动践行"走在前、做表率"的要求，以模范行动影响和带动群众增强信心、战胜疫情。

不碰面的主题党日，不停歇的战疫冲锋。在疫情防控的关键期，热电社区的党员干部与居民群众正众志成城努力奋战在疫情的前沿一线，以实际行动践行初心使命，以担当作为给党旗增光添彩。

（资料来源：城市社区网微信公众号，2020年2月29日）

案例八：不忘初心　牢记使命

——银和社区①党支部组织生活会暨1月份主题党日活动

2021年1月23日，银和社区党支部结合学习贯彻苏州市委十二届十一次全会、昆山市委十三届十次全会精神以及张浦镇第十四次党代会第六次会议，围绕年度组织生活会开展1月份主题党日活动。

一、观看视频

会前，党员集中观看了江苏先锋网视频《战"疫"先锋》，党员们纷纷致敬每一位为抗疫冲锋陷阵的党员英雄，致敬每一位用爱心默默付出的凡人英雄，同时都坚决表态，带头在昆山过年，为坚决打赢疫情防控阻击战发挥力所能及的力量。

二、党建工作汇报

会上，党支部书记陈丽园总结回顾了社区2020年党建工作。陈书记表示，新社区组建以来，作为党支部书记积极履行基层党建工作"第一责任人"职责，抓班子、带队伍，抓建设、打基础，抓作风、强素质，抓重点、破难点，全面推进新社区党的政治、思想、组织、作风、党风廉政和制度建设，凝聚党员群众力量，发挥新支部战斗堡垒作用。陈书记强调，全镇冬训工作已全面拉开帷幕，社区全体党员干部要把思想和行动统一到社区决策部署上来，把冬训与抓好当前疫情防控、垃圾分类等各项工作结合起来，每位党员都要增强"四个意识"，在工作生活中坚持不忘初心，牢记使命，继续前行，切实扛起"争当表率、争做示范、走在前列"的工作使命。

三、冬训学习心得分享

1月19日，镇党委书记顾向民作了题为《聚焦新目标　聚力新

---

① 银和社区隶属于江苏省苏州市昆山市张浦镇。

作为——为高质量推进昆山南部城市副中心建设不懈奋斗》的冬训报告，社区也组织党员集中进行了学习。针对顾书记的讲话，社区将从三个方面入手，全面加强 2021 年党建工作，以优异成绩向建党 100 周年献礼。一是重需求，扩大理论学习覆盖面。尝试运用"靶向讲学""网格促学""入户送学""云党课"等学习模式，紧扣冬训主题，提供源源不断的"理论大餐"，强化社区党员自我供给，坚定党员干部理想信念。二是求精准，确保社区党建有特色。全面推行"大党委"，以党建结对为契机，围绕基层党建、社会治理、环境整治等方面组织联建活动、共建志愿服务，全力推进社区基层治理。三是补短板，激活党员"神经末梢"，全力推进"全民乐学，创建'德润万家'学习型社区品牌"书记项目，同时开设"线上讲习所"，推出《党员朗读者》等音频理论宣教产品，将理论学习与社区热点相融合，让党的最新思想在党员群众中传播的更远、更有力。

四、批评与自我批评

组织会气氛热烈，支部党员还开展了批评与自我批评，每位党员都认真地对照自己工作生活中存在的问题，进行剖析，同时也向其他党员提出了中肯的批评意见。会议上既有红红脸、出出汗的紧张与严肃，又有加加油、鼓鼓劲的宽松与和谐，相互提出了 37 条批评意见。

会议最后，陈书记也进行了总结，2020 年是极不平凡的一年，面对新冠肺炎疫情，广大党员群众冲锋在前、勇挑重担，在抗击疫情第一线践行初心使命，每一位都了不起。2021 年，办好社区的事，核心在支部、关键在人、重点在干。一定会做好火车头，带领社区上下，拿出顶格的标准、满格的状态，锐意改革创新、主动担当作为，全力展现社区党员干部的"银和形象"。

（资料来源：银和社区微信公众号，2020 年 1 月 26 日）

案例九：携手党建共建，社区^①党支部
打造特色主题党日活动

近日，五桂山社区党支部依托本土"红色+古道"资源，携手结对共建党组织五桂山中心党支部和中山农商银行南区支行党支部开展"学习两会精神，带头践行文明"的主题党日活动，活动坚持"规定内容+自选任务"的活动模式，做到规定动作不走样，自选动作有特色。五桂山办事处副主任、驻点领导张仁亮参加了活动。

学习贯彻"两会"精神

2020年5月21日，全国政协十三届三次会议在京召开；5月22日，十三届全国人大三次会议在京召开。这是一次特殊的"两会时间"，这是一个非凡的"中国时间"。

活动上，五桂山社区党支部书记卢苑与全体党员一起学习全国"两会"精神及习近平总书记在全国"两会"期间系列重要讲话精神。学习后，她总结表态说道：全国"两会"对今后各项工作作出部署，凝聚团结奋斗、攻坚克难的强大力量。全体党员是一家人，要一条心、一起干，发扬拼命三郎精神、钉钉子精神，增强虎识、虎胆、虎气、虎劲，为重振中山虎威贡献自己的力量。

随后，五桂山办事处副主任、驻点领导张仁亮结合"两会"精神、疫情防控、创建文明城市、经济社会发展等各方面做"不忘初心，牢记使命，做合格党员"主题党课授课。他激励每位党员，"一个党员就是一面旗帜，一个支部就是一座堡垒"。广大党员要不负时

---

① 指的是广东省中山市五桂山街道五桂山社区。

代机遇，用实际行动担起党员的使命和担当，主动投身重振虎威主战场，在党和人民最需要的地方绽放光彩。

重温入党誓词

"我志愿加入中国共产党，拥护党的纲领，遵守党的章程……严守党的纪律，保守党的秘密……"

在五桂山珠江纵队司令部旧址，五桂山社区党支部全体党员胸前佩戴党徽，神情庄重、精神饱满，高举右拳，面向鲜红的党旗重温了入党誓词，铿锵有力的誓言响彻现场。句句铿锵，字字如磐，宣示着党员干部坚定不移的政治信念和矢志奋斗的坚强决心。"通过重温入党誓词，回顾了入党以来的成长历程，在党旗下再次接受了心灵的净化和洗礼；通过谈入党初心，重温当年的决心和信念，对比我们今天的认识和行动，找到自身的差距和不足。"大家纷纷表示，在实际工作中，要时刻以自身行动践行入党誓词，以更加饱满的工作热情，充分发挥党员的先锋模范作用。

古道讲党课，乡村振兴+革命传统

岐澳古道是五桂山的一条红色之路，烙印着中山近代群英改变中国命运的足迹，记忆和传承了共产党人为抵御外辱、抛头颅洒热血的红色基因。

在岐澳古道活动现场，五桂山社区党支部副书记宋欣妮向全体党员志愿者、群众志愿者宣讲五桂山推进乡村振兴、全域旅游、创建全国文明城市工作的构想和措施。

随后由五桂山社区支部党员、《五桂山儿女英雄传》策划者之一黄跃进以珠纵战士后人的身份现场向大家讲述父辈们抛头颅洒热血的英雄事迹。从大谢小谢的故事到塘橄十二壮士，从红色交通站到挺进老虎窝，从珠江纵队成立到解放军进入石岐，中山得解放……通过认真聆听红色故事，让党员干部感受到了革命先烈坚定的理想信念和矢志不渝的奋斗精神，体会到五桂山悠久深厚的抗日革命文化沉淀。

党建共建，创文齐发力

党课结束后，全体党员志愿者、群众志愿者拿起扫把、钳子、垃圾袋等清洁工具，顶着烈日，激情满满，热火朝天地投入到岐澳古道清洁山野志愿服务活动中。对主入口道路两侧的垃圾、杂草、残枝败叶进行清扫，对绿化带里的垃圾、环卫盲点仔细清理，用实际行动响应五桂山创建文明城市"百日冲刺"活动。充分发挥基层党组织战斗堡垒作用和党员先锋模范作用，形成党建与创文交汇融合、双向提升的良好工作格局，为改善人居环境、建设美丽家园添砖加瓦。

（资料来源：五桂山发布微信公众号，2020 年 6 月 29 日）

案例十：阿瓦提镇锦绣社区①党支部开展
"党旗映天山"主题党日活动

　　为教育广大党员"不忘初心、牢记使命"，在中国共产党成立99周年之际，锦绣社区党支部组织全体党员、干部参观学习了阿瓦提镇政治生活馆。进一步加强党风廉政建设，提高党员干部的拒腐防变能力，激发全体党员干部的爱岗敬业热情。

　　参观中，讲解员首先讲述了一大到十九大党的发展历程，一段段翔实的历史记录，让大家重温了在中国共产党的领导下，夺取革命、建设和改革开放胜利所经历的不平凡的历程。党员们认真学习，接受革命传统和党的历史教育，从党的发展历史中汲取养分，凝聚力量，增加正能量，进一步牢固树立宗旨意识和群众观念。

　　接着，一行人参观了"永葆党员本色争当岗位先锋"板块及"反腐倡廉廉政教育"板块。展厅以展板、图片等多种形式，展出了阿瓦提县当地的部分先进模范及反腐败案例。以案说纪、震人心魄、发人深省，这些鲜活的案例提醒党员干部增强廉洁自律意识，永葆廉洁本色。处处防微杜渐，时时警钟长鸣。进一步加深了大家对违反党纪国法的认识和敬畏，再次开列了党规党纪的"负面清单"，划出了党组织和党员不可触碰的纪律"底线"。在场党员干部纷纷表示要全心全意做好本职工作，知敬畏、存戒惧、守底线，做合格党员。

　　随后，在宣誓大厅，全体党员宣读入党誓词，重温入党时的庄严承诺，表达对党的忠诚与信仰。党员同志们纷纷表示：要铭记历史，不忘初心，发扬党的革命传统，以更加优良的作风、崭新的精神面貌

---

　　①　锦绣社区隶属于新疆阿克苏地区阿瓦提县阿瓦提镇。

做好本职工作，为党的各项事业发展贡献自己的力量。为建设和谐美丽富裕的新时代阿瓦提县贡献力量。

参观过后，党员们表示这次参观学习是一次难忘的精神洗礼、一份宝贵的精神财富，一定要大力弘扬老一辈共产党员艰苦奋斗、甘于奉献的革命精神，进一步坚定理想信念，在工作中敢于吃苦、乐于奉献、立足岗位、争当表率。纷纷在感言台写下参观感受。

本次参观活动，党员同志们经历了深刻的党性洗礼。回顾历史我们心怀敬畏，着眼当下我们要坚定理想信念，不断锤炼党性修养，增强历史使命感和工作责任感。

（资料来源：城市社区网，2020 年 6 月 30 日）

案例十一：提升素质　凝聚共识

——长路畈社区①九月固定主题党日这样过

为贯彻落实上级会议和文件精神，进一步加强社区党建，提高党员政治素养，加强党组织战斗力、凝聚力，以党建引领推进社区治理工作，2020 年 9 月 25 日，长路畈社区联合锦城街道开展了固定主题党日活动，安排了丰富多彩的学习内容，全体党员齐聚一堂，学习讨论，让全体党员受益无穷。

学习抗疫精神　凝聚治理合力

当天上午，社区党支部首先向大家传达了街道社区工作会议关于社区工作人员调整任命的通知精神，原任社区党支部书记帅可芳和现

———

① 长路畈社区隶属于浙江省杭州市临安区锦城街道。

任社区党支部书记陈艳青和大家见面进行了自我介绍。

接下来，以"学习抗疫精神、凝聚治理合力"为主题，学习贯彻落实习近平总书记在全国抗击新冠肺炎疫情表彰大会上的重要讲话精神。习近平总书记的讲话高度概括了"生命至上、举国同心、舍生忘死、尊重科学、命运与共"的伟大抗疫精神的核心内涵。

社区党支部强调，全体党员要深入学习领会习近平总书记重要讲话精神，在日常工作和生活中进一步统一思想和行动，把学习贯彻讲话精神作为一项重要政治任务深入思考学、联系实际学、带动群众学，切实把思想和行动统一到习近平总书记重要讲话精神和党中央决策部署上来。要大力弘扬伟大抗疫精神，把伟大抗疫精神和经验启示宣传好、弘扬好、贯彻好，发挥党员先锋模范作用，凝聚合力，努力提高社区治理水平。要持续抓好常态化疫情防控，始终坚持人民至上、生命至上，继续发扬连续作战精神，毫不放松抓好常态化疫情防控，抓紧抓实抓细各项防控措施，筑牢外防输入严密防线。

制止浪费行为　践行光盘行动

"一粥一饭当思来之不易，半丝半缕恒念物力维艰。"为积极响应习近平总书记"制止餐饮浪费行为，践行光盘行动"的号召，社区向全体党员发起了"光盘行动、勤俭节约"的倡议，要求全体党员拒绝舌尖上的浪费，提倡节俭的文明风尚。

社区党支部首先向大家传达了习近平总书记关于制止餐饮浪费行为作出的重要指示，向大家发放了《光盘行动倡议书》，围绕珍惜一粥一饭、遏制浪费之风等方面内容向全体党员进一步宣传教育，要求大家身先示范、践行节约，在全社会营造浪费可耻、节约为荣的氛围。党员俞灵丹表示："'光盘行动'要从我做起，带动身边人，节约每一粒粮食，把节约意识转化为节约行动，积极做节约粮食的传播者、践行者。"

学习掌握《民法典》　争做知法守法人

为切实做好《民法典》的学习宣传工作，增强和提高党员群众的法治意识，做新时代知法懂法的合格党员，当天会议还举办了《民法典》知识讲座，组织全体党员系统学习。

社区党支部专门邀请了北京大成（杭州）律师事务所律师王显峰授课。王律师从对民法典的立法意义、立法过程和物权、合同、人格等十多个方面进行了全面深入的讲解，并通过直观生动的案例进行了重点解读。通过学习《民法典》，引导党员以民法典为遵循，养成自觉守法的意识，形成遇事找法、解决问题靠法的意识和能力。他还与在座党员进行了互动，回答了党员们关心的婚姻、财产等方面的问题。党员们纷纷表示，《民法典》涉及生活方方面面，无论是对工作，还是日常生活，都非常有用，要认真学习，充分掌握，提高自身素质。

（资料来源：锦城街道长路畈社区，2020 年 9 月 25 日）

案例十二：洪楼社区①党支部开展 2021 年 1 月份主题党日活动

为深入学习宣传贯彻中央经济工作会议、省委十一届十一次全体会议暨省委经济工作会议等重要精神，做实做细 2020 年度党员冬训、民主评议和 2021 年度目标任务制定等相关工作，根据党工委统一安

---

① 洪楼社区隶属于山西省临汾市尧都区青狮南街道。

排，洪楼社区党支部开展 2021 年 1 月份主题党日活动。

1 月份主题党日活动分三个专题进行：

第一专题："过好政治生日·牢记初心使命"专题。为庆祝中国共产党成立 100 周年，按照《中国共产党党内关怀帮扶办法》有关要求，给历年来当月入党党员过政治生日。1. 重温入党誓词。由本月入党党员赵瑜领誓，集体宣誓，教育引导全体党员时刻牢记"一句誓言，一生作答"。2. 畅谈生日感言。过政治生日党员聚焦自己成长历程，分享入党故事，畅谈入党以来的体会和感受，回顾入党以来的追求和表现，明确自身不足和今后努力方向。3. 书记点评寄语。支部书记韩金桃对党员的表现情况进行总结评价，肯定成绩，指出不足，提出要求，激励党员牢记初心使命、砥砺奋进前行。

第二专题："中央经济工作会议、省委十一届十一次全体会议暨省委经济工作会议精神"集中学习。支部书记韩金桃传达中央经济工作会议、省委十一届十一次全体会议暨省委经济工作会议精神。

第三专题：2020 年度民主评议和 2021 年度目标任务议定。

1. 党员互评。党员对照年初个人承诺，总结了一年的工作学习情况，重点报告了做了哪些工作，办了哪些实事，在哪些方面发挥了先锋模范作用，小区居住党员报告在居住地小区（片区）党支部参加组织活动、发挥作用情况。与会人员填写《尧都区 2020 年度党员民主测评票》。2. 评议社区"两委"干部和包联干部。干部围绕落实目标任务、促进支部发展、为支部办大事办实事、帮助支部化解难题等情况，进行了简要述职，支部书记作了简要点评。与会人员填写《尧都区 2020 年度干部民主测评票》。3. 评议党支部。党支部书记韩金桃代表支委会作 2020 年度工作报告，与会人员填写《尧都区 2020 年度党支部民主测评票》、《尧都区 2020 年度农村（社区）"两委"班子民主测评票》。4. 讨论初定 2021 年度目标任务。下发会前支委会研究制定的 2021 年度重点工作任务清单（明确重点任务、责任人和完成时限），支部书记对清单内容进行讲解，全体党员提出意见建议，讨论议定，达成共识。5. 支部书记安排部署本年度党员承诺践诺工作。全体党员要以服务中心工作、突出作用发挥为目标，以立足实际做贡献、奋力走好新征程为重点，根据自身能力、本职工作等情况，在带头学习、推动发展、认真履职、服务群众、遵纪守法、勤政廉政等方面作出承诺。

（资料来源：南街洪楼社区微信公众号，2021 年 1 月 26 日）

案例十三：天平街道南黄社区①党支部主题党日：铸魂固本强党性，凝心聚力谱新篇

2021 年 2 月 1 日上午，天平街道南黄社区党支部来到泰安主题党日活动中心，开展"铸魂固本强党性，凝心聚力谱新篇"主题党日活动。

在初心广场，大家凝神聆听，接受初心教育，深刻认识到"不忘初心、牢记使命"不是一阵子的事，而是一辈子的事，在学习感悟中更加坚定理想信念，砥砺初心使命，强化责任担当。

在泰安党史馆，珍贵的历史照片和文字资料，生动再现了党团结带领人民在革命、建设、改革中走过的波澜壮阔的伟大历程。党员们边走、边听、边看，重温过去的峥嵘岁月，缅怀先烈的英雄事迹，感受伟人的奉献情怀，接受心灵的净化洗礼。南黄社区卫健主任施秀华说："听到这些感人的革命故事，看到这些历史老照片，让我深深感

---

① 南黄社区隶属于山东省泰安市岱岳区天平街道。

受到老一辈共产党人视死如归的革命精神，不忘初心、牢记使命，我要弘扬革命先辈的优良传统，永葆初心本色，以更加坚定的理想信念，践行入党的誓言。"

在誓词教育厅，党员们共同学习入党誓词的历史沿革，更加坚定了永远跟党走的信念。随后，大家举起右拳，庄严宣誓，重温入党时的承诺。

在红色影院，大家一同观看了专题片《巩固脱贫攻坚成果，推进乡村振兴战略》。通过感受临沂代村、聊城耿店村两个村庄由穷变富、由弱变强的奋斗历程，党员们进一步加深了对习近平总书记关于脱贫攻坚的重要讲话和重要指示精神的理解。南黄社区监委会主任韩广仁说："作为一名党员，我要紧跟党的领导，在工作中攻坚克难，接续奋斗，为中华民族的伟大复兴作出自己的贡献。"

在五楼会议室，大家共同学习了《新时代如何做合格党员？习近平强调这些"标配"》，并结合实际工作交流发言，南黄社区居委会主任李军表示，下一步，南黄社区要充分发挥优势，取长补短，在推动社区发展上再上新台阶。

学习研讨结束后，党员们体验了活动中心最新引入的现代化 VR 设备，通过观看 VR 视频《中共一大会址纪念馆》，大家全方位感受虚拟立体空间，聆听中国共产党成立的历史过程，深刻感悟共产党人的不变初心。

活动最后，讲解员送上精心准备的书签作为活动纪念，并与党员们分享了活动中心在持续探索实践中形成的开展主题党日活动的思路与方法，得到了大家的一致好评。

（资料来源：泰安主题党日活动中心微信公众号，2021 年 2 月 1 日）

第三章　国有企业和集体企业党支部主题党日活动案例

国有企业和集体企业是中国特色社会主义经济的重要组成部分，是我国经济社会发展的重要基础。习近平总书记指出："国有企业是中国特色社会主义的重要物质基础和政治基础，是我们党执政兴国的重要支柱和依靠力量。"国有企业和集体企业党支部是党在国有企业和集体企业的基础组织和战斗堡垒，担负直接教育党员、管理党员、监督党员和组织职工、宣传职工、凝聚职工、服务职工的职责。

2018年11月25日中共中央印发的《中国共产党支部工作条例（试行）》规定："国有企业和集体企业中的党支部，保证监督党和国家方针政策的贯彻执行，围绕企业生产经营开展工作，按规定参与企业重大问题的决策，服务改革发展、凝聚职工群众、建设企业文化，创造一流业绩。"2019年12月30日中共中央印发的《中国共产党国有企业基层组织工作条例（试行）》进一步细化了国有企业党支部（党总支）的具体职责，即："国有企业党支部（党总支）以及内设机构中设立的党委围绕生产经营开展工作，发挥战斗堡垒作用"，要"做好党员教育、管理、监督、服务和发展党员工作，严格党的组织生活，组织党员创先争优，充分发挥党员先锋模范作用。"组织开展组织生活方面，要"注重运用网络信息化手段和新媒体平台，增强党组织活动和党员教育管理工作的吸引力、实效性。"这些规定为国有企业党支部（党总支）开展好主题党日活动提供了根本依据。

在实践中，少数国有企业和集体企业党支部仍存在活动形式单一、活动内容固定等问题。针对现存问题，各国有企业和集体企业党支部积极探索，不断丰富充实主题党日内容、活动主题设计更加灵活、活动形式更加新颖多样，不断增强主题党日活动的时代性和政治性。本章选取部分国有企业和集体企业主题党日活动案例，按照实业类中央企业、金融类中央企业、其他部委管理中央企业、地方国有企业、集体企业进行排列，希望能为各国有企业和集体企业党支部今后开展主题党日活动提供更多参考借鉴。

案例一：央企示范党支部①举办"传承陈院士精神，勇攀航天科技高峰"开放主题党日

2020 年 10 月 28 日，为深入学习贯彻习近平总书记在科学家座谈会上的讲话精神，响应集团公司、二院向陈定昌院士学习的号召，央企示范党支部二部一室党支部组织举办了"传承陈院士精神，勇攀航天科技高峰"主题党日。本次主题党日面向全二部开放，二部党委书记韩志平、党办相关负责人以及多个兄弟党支部的代表应邀参加了主题党日。

全体参会党员、群众首先观看了陈院士生前申请国家最高科学技术奖的视频资料。视频回顾了陈院士生平的主要成就与贡献，充分展现了陈院士的丰功伟绩和高尚品格，陈院士为国家奉献了毕生心血，为国筑盾，鞠躬尽瘁，德馨品高，甘为人梯，却自我总结"我只是

---

① 指的是中国航天科工二院二部一室党支部。

做了自己应该做的工作"，让人听之动容、闻之落泪。

随后，二部老、中、青三代和陈院士共事过的航天人追忆和陈院士在一起的日子，向大家讲述了陈院士的故事。退休多年的裴总回忆起和陈院士共事的点滴，高度评价了陈院士的人格魅力和高风亮节，尤其钦佩其在面对诸多质疑时，力排众议，敢于担当，坚定对科学理论和方法的信念，肩负巨大的责任和压力，带领团队走出了一条适合中国国情的技术发展道路，实现了弯道超车。谭总在追忆时几度哽咽，作为陈院士亲自培养起来的某项目副总师，谭总回忆道，陈院士非常注重人才培养，对年轻人总是热心地给予鼓励和指导，给他们压担子，支持他们大胆实践，在工作中成长。即使在退休后，年事已高的陈院士也不忘时常关心年轻人，她的手机里至今仍保存着陈院士发来的慰问信息。青年代表小王在回忆中讲到，陈院士每次试验归来，总要大病一场，因为在每次参与试验的过程中，陈院士无论自己年纪多大，也不管自己身体状况如何，都会严谨细致地奋斗在工作一线，他会耗费巨大的精力对试验的所有技术状态进行严格把关，这种国家利益高于一切、无私奉献的精神值得我们每一个人学习。

传承是为了纪念，更是为了更好地前行。随后，一室盛主任为全体党员讲授了《传承陈定昌院士精神，铸就两大领域新辉煌》的专题党课，从毛泽东提出的"有矛必有盾"的论断开始，带领大家回顾了陈院士开辟的两大领域的发展历程，并针对当前的新威胁形势和国家装备发展需求，提出了两大领域后续发展规划。强调要以陈院士为榜样，牢记"科技强军、航天报国"使命，为我国研制好用、管用的武器装备。

韩志平在讲话中指出，陈院士不仅为我国空天防御领域留下了丰厚的物质遗产，同时更留下了宝贵的精神财富，以陈院士为代表的老一辈二部人为我国的空天防御事业开辟了半壁江山，作为新时代的二部人，我们要扛起顶梁之责，跑好接力赛。韩书记结合向陈院士学习的四方面内容，向广大党员干部提出了具体要求。他指出，要学习陈院士坚守初心、胸怀家国的赤子情怀，就要用高质量的发展切实履行强军首责，最好的爱国就是把科研工作和装备质量做到极致；要学习陈院士战略前瞻、敢为人先的气魄风范，就要不断学习、进取，开拓新的领域，推动颠覆性的创新；要学习陈院士甘为人梯、赤诚无我的高尚品格，就要发扬大力协同的团结协作精神，不断提升团队凝聚力和战斗力；要学习陈院士求真务实、勇于突破的创新精神，就要脚踏实地，厚植理论功底，静下心来学习，厚积薄发。韩志平叮嘱一室党员，希望大家能够以陈院士为榜样，脚踏实地，勇于担当，圆满完成全年各项科研生产任务。

最后，由一室党支部书记带领全体参会党员、群众集体诵读陈院士精神，作出庄严的时代承诺：

作为新时代的共产党员、航天人，我们承诺：

时刻以陈院士为榜样

学习他：坚守初心、胸怀家国的赤子情怀

学习他：战略前瞻、敢为人先的气魄风范

学习他：甘为人梯、赤诚无我的高尚品格

学习他：求真务实、勇于突破的创新精神

大力弘扬科学家精神

深入践行二部党员标准

沿着陈院士开辟的道路奋勇前行

为实现航天梦、强军梦、中国梦做出新的更大贡献！

（资料来源：中国航天科工二院二部网微信公众号，2020年11月3日）

案例二：国控山西长治公司①党支部开展"落实中央八项规定，严格党组织生活制度"主题党日活动

2020年1月10日，国控山西长治公司党支部组织全体党员与非党领导干部、积极分子开展了"落实中央八项规定，严格党组织生活制度"主题党日活动，活动围绕"不忘初心、牢记使命"学习教育常态化，认真学习了系列文件。

党支部书记赵李伟同志就2019年党建工作情况进行了总结。过去的一年，党支部在国控山西党委和长治市直工委的正确领导下，紧密联系实际工作，发挥党支部战斗堡垒和党员先锋模范作用，按照"围绕经营抓党建，抓好党建促发展"的工作思路，开展了大量工作，为推动公司各项工作提供了强有力的精神引领。特别是"改革创新、奋发有为"大讨论和"不忘初心、牢记使命"主题教育系列活动以及团支部的重组、党群服务中心和党建书吧的设立、推动移风易俗等工作开展得有声有色，深入人心，虽然整体工作还存在一些不

---

① 指的是国药控股山西长治有限公司，隶属于中国医药集团。

足，但我们有信心、有能力把支部工作做得更好、更扎实！

随后，赵书记带领大家共同学习了《国药控股山西有限公司党委关于深入贯彻落实中央八项规定精神进一步加强作风建设的实施办法》，赵书记指出，落实中央八项规定精神是增强"四个意识"、坚定"四个自信"，做到"两个维护"的具体举措，推进党风廉政建设持续向好发展的有力抓手。节日期间，全体干部职工要严格按照中央八项规定精神，进一步加强作风建设，使中央八项规定精神做到入心入脑、真学真懂、知行合一。

会上，统战委员杨静、组织委员苗全斌、宣传委员李三萍分别向大家宣读了《国药控股关于严格党的组织生活制度的实施意见》《国家制度和国家治理体系的显著优势——长治市直工委"党员大讲堂"学习有感》《中共山西省委办公厅关于组织全省党员干部重温习近平总书记"三篇光辉文件"的通知》等文件。纪检委员牛路芳还对公司上线的费用管理系统进行了操作培训。

通过学习文件精神，增强党员干部创造力、凝聚力、战斗力，通过学习党内制度，增强党员干部自觉性、主动性、约束力，切实加强党支部组织建设。

最后，赵书记结合《中国共产党支部工作条例（试行）》和《中国共产党国有企业基层组织工作条例（试行）》规定，对支部今后工作作出了明确规划。赵书记强调，坚持党的领导、加强党的建设是国有企业的"根"和"魂"，是国有企业的光荣传统和独特优势，支部担负着直接教育党员、管理党员、监督党员和团结服务群众、凝聚群众力量的职责，要持续提升支部的组织力、强化政治功能，推动支部标准化、规范化建设，努力建成标杆支部，大力推动公司高效健康发展！

（资料来源：国药控股山西有限公司，2020 年 1月 19 日）

案例三：机关党委第一党支部①
开展主题党日活动

为进一步学习贯彻习近平新时代中国特色社会主义思想和党的十九大精神，按照集团党委要求，7 月 16 日下午，机关党委第一党支部召开全体党员会议，开展"学党史、忆初心、亮承诺、担使命"主题党日活动。党日活动包括三个主题。

重温入党誓词

在支部书记焦建同志的带领下，全体党员饱含热情，高举右手，在党旗下庄严宣誓，重温申请入党时的思想激情和奋斗追求，铭记庄严的承诺，牢记共产党员的政治责任、工作担当和光荣使命，自觉增强四个意识，坚定对党的事业奋斗终身的决心和愿望。

做出一句承诺

各位党员结合中国航材发展历史和发展战略，根据自身岗位实际情况，郑重做出一句话承诺。全体 13 名党员作出的承诺突出一个"实"字，体现了财务和审计两个部门党员"实事求是""求真务实""踏踏实实"的优良作风。承诺字数虽少，分量却很重，它浓缩了每一名党员对"全心全意为人民服务"宗旨的认识，使党员发挥作用有了"平台"，履职尽责有了"目标"。通过承诺，有力的激发了党员干事热情，强化了党员责任意识，进一步塑造了党员的良好形象，通过践行承诺，以实实在在的行动助力幸福航材发展。

---

① 指的是中国航空器材集团有限公司机关党委第一党支部。

支部书记讲党课

支部书记焦建同志以党建工作为支点，深度结合中国航材发展实际，为支部党员上了一堂题为《海南自由贸易港区特殊税收政策解读》的党课。焦建同志深情回顾了中国共产党成立 99 年来的革命历程，介绍了改革开放 40 多年来党中央历次建设海南岛的实践探索；简要回顾了中国航材成立 40 年来对海南投资的经验教训；并结合 6 月 1 日中共中央、国务院印发的《海南自由贸易港建设总体方案》，联系财务工作实际，重点对其中"特殊的税收制度安排"的设计原则和两阶段实施措施进行了详细解读。

通过这次主题党日活动，一支部党员再次提高了思想认识。2020 注定是不平凡的一年，习近平总书记多次强调"国际形势正发生前所未有之大变局"，新冠肺炎疫情还在全球肆虐，自然灾害甚于往年，国际局势更加复杂多变。在党中央的坚强领导下，以医护战线为突出代表的广大党员干部关键时刻"豁得出，顶得上，靠得住"，树立了一座座时代的丰碑。全体党员纷纷表示，要进一步深入开展"不忘初心、牢记使命"主题教育，学习贯彻习近平新时代中国特色社会主义思想和十九大精神，牢固树立"四个意识"，坚决做到"两个维护"，牢记使命和担当，不断增强基层党组织的凝聚力和战斗力，紧紧围绕集团中心工作，立足本职岗位，践行庄严承诺，积极进取创造性地开展工作，用优秀党员的标准自律自省，带着满满的斗志投入到统筹推进疫情防控和企业改革发展工作当中，为建设幸福航材作出新的贡献。

（资料来源：中国航材微信公众号，2020 年 7 月 21 日）

案例四：重温光辉历程、传承红色基因、牢记初心使命

——中唱集团①北京地区基层党支部主题党日活动纪实

为纪念中国共产党成立 97 周年，迎接建国 69 周年之际，在华录集团（北京）党委和中唱党委的大力支持下，中国唱片集团有限公司机关第一党支部于 9 月 17 日以"重温光辉历程、传承红色基因、牢记初心使命"为主题，与中国戏剧出版社有限公司党支部、北京唱片厂有限公司党支部联合组织了第三季度主题党日活动，带领全体党员和入党积极分子赴门头沟区雁翅镇田庄村参观了京西山区中共第一党支部纪念馆。

此次活动由三个支部负责人共同带队，在中唱党委副书记、纪委书记王超和集团公司总会计师孙彦永的参与支持下，全体一行 30 人在秀美的秋色中驱车前往门头沟。门头沟区位于北京城区正西偏南，原名京西矿区，简称京西。京西第一党支部在门头沟区革命史和党建史上具有重要地位，是党和人民宝贵的红色资源和精神财富。

全体党员在讲解员的引导下，参观了京西山区中共第一党支部纪念馆。纪念馆通过文字史料、图片、实物等形式讲述了上世纪 30 年代京西深山区第一个中共支部——田庄高小党支部的诞生过程，生动展现了京西党组织的建设成长、基层政权的建立与巩固以及广大人民群众在党组织领导下不断前行的光辉历程。

随后，全体党员参观了崔显芳烈士纪念馆、烈士故居和田庄高小党支部旧址。崔显芳是门头沟区第一位中共党员，他加入党组织后回

---

① 指的是中国唱片集团有限公司。

到家乡从事革命活动，创建了田庄高小党支部，培养了大批革命干部，使革命星火在京西点燃，这里也诞生了崔氏家族一门四烈士的英雄事迹，鼓舞着一代代京西人奋斗前行。

最后，在第一党支部纪念馆前的宣誓广场举行了庄严而隆重的新党员入党宣誓仪式。在戏剧社党支部召集人武云的领誓下，3 名新发展的预备党员在党旗下进行了入党宣誓，参加活动的全体党员也在鲜红的党徽下一同重温了入党誓词，用铮铮誓言彰显永恒初心。

一件件斑驳的实物，是先辈们奋斗历程的缩影；一张张泛黄的图片，承载着京西红色历史的沧桑巨变。参观过后，党员同志们深刻感受到了革命先烈在艰苦卓绝的岁月中对共产主义信仰的坚守。大家决心继续认真学习习近平新时代中国特色社会主义思想、深入贯彻领会党的十九大精神，树立共产主义理想和中国特色社会主义信念，铭记历史，奋发进取，无私奉献，充分发挥先锋模范作用。党支部也通过此次活动强化了对党员同志的理想信念教育，加强了基层组织富有战斗力的坚强堡垒作用。

（资料来源：中国唱片集团有限公司官网，2018 年 9 月 30 日）

案例五：海南公司①党支部开展"展望'十四五'，勠力再起航"主题党日活动

为进一步激发公司广大党员干部拼搏奋斗、攻坚克难的工作热情，2021 年 1 月 28 日，海南公司党支部召开党员大会，开展"展望

---

① 指的是保利（海南）旅游发展有限公司，隶属于中国保利集团。

'十四五'，勠力再起航"主题党日活动。为落实疫情防控工作要求，本次活动设海口、三亚两个会场，活动中，公司4名党员代表立足岗位，逐一分享2020年的奋斗事迹，公司党支部书记、董事长李勇同志作总结讲话。

奋斗事迹分享

琼海项目

琼海项目党员代表以"红色基因的传承"为主题，围绕琼海项目抢开放抢预售的重难点工作，分享了2020年琼海项目党员干部职工发扬"琼海红色娘子军艰苦奋斗、不屈不挠的优良传统"，奋力拼搏，实现拿地后不到6个月即实现首开，创造海南公司新的开发效率的奋斗事迹。

中央海岸项目交付突击队

中央海岸项目交付突击队党员代表以"红色堡垒"推动"品质交付"为主题，围绕中央海岸项目交付工作成果，分享了党员突击队抢攻交付堡垒的奋斗事迹，在党员突击队的带领下，中央海岸项目交付工作取得以下成果：6个标段在系统评估中进入前100名，其中2号地14号楼以80.03优异成绩排名集团第13名；集中交付现场"0"拒收、"0"群体事件发生；完成4个交付批次集中交付，累积交付1417套，实现单月交付率超70%；集团5U交付检查满分。

营销"零容忍"突击队

营销"零容忍"突击队党员代表以"秣马厉兵，砥砺前行"为主题，围绕突击队创建之初制定的任务目标，分享了党员突击队全力奋进实现产成品销售14.1亿，其中地上"零容忍"8.89亿，保利海棠、保利中环实现全清盘的奋斗事迹。

资金回笼突击队

资金回笼突击队党员代表以"整兵坚垒，精细管理"为主题，围绕突击队创建之初制定的任务目标，分享了党员突击队为了完成公司经营任务，充分发挥"红色娘子军"精神，引领营销财务双线奋战，迎难而上，全身心投入高强度回笼工作，最终实现远超百亿的回笼任务的奋斗事迹。

书记总结讲话

在认真聆听4名党员同志分享了2020年以来公司广大党员干部奋斗事迹后，李勇书记对海南公司广大党员干部为公司高质量发展作出的贡献表示感谢及肯定，总结回顾了公司2020年党建亮点工作，对2021年工作提出要求：

2021年海南公司党建工作要紧扣"两个围绕"主题，扎实开展2021年"党建创新拓展年"专项行动，以高质量党建推动高质量发展。

一是持续强化党建引领，以政治建设统领企业改革发展。坚持把党的政治建设摆在首位，不折不扣落实上级党委部署，从严从实落实好"第一议题"的传达和学习，持续抓好党员干部政治理论学习，进一步引导公司广大党员干部牢固树立"四个意识"、坚定"四个自信"，做到"两个维护"。

二是持续夯实基层党建，推动基层党组织全面过硬。严格落实"1+1+N"党建制度体系，抓好支部建设，创新主题党日活动形式，着力打造海南公司党建特色品牌，充分发挥党员先锋模范带头作用，助力公司经营工作。

三是持续深化监督执纪，营造风清气正发展环境。紧盯"关键少数"，重点加强对廉洁风险高发部门的监督，常态化开展警示教育活动，营造良好政治生态。

四是做好示范带头作用。讲政治、讲规矩，明红线、守底线，做一名严守政治纪律和政治规矩的国企干部。

展望"十四五"，勠力再起航！2021年，海南公司党支部将在上级党委的坚强领导下，紧紧围绕中心工作，坚持党建引领，顽强拼搏，为保利发展控股"十四五"再创新辉煌贡献海南力量！

（资料来源：保利海南微信公众号，2021 年 2 月 1 日）

案例六："缅怀南老，致敬科学精神" 主题党日活动

为深刻感受革命先烈的崇高科研精神，学习奉献精神。2019 年 4 月 3 日上午，在清明节到来之际，中国共产党国科健康生物科技有限公司支部委员会组织党员及预备党员，前往位于香山脚下的李大钊烈士陵园和中国科学院国家天文台研究员南仁东同志的墓地，祭奠南仁东同志，以缅怀先烈及改革先锋。

南仁东先生的先进事迹感人至深，在 23 年时间里，他从壮年走到暮年，把一个朴素的想法变成了国之重器，成就了中国在世界上独一无二的项目，为 FAST 项目建设呕心沥血、顽强拼搏，最终将 FAST 建设成为具有我国完全自主知识产权、世界最大单口径、最灵敏的射电望远镜。用他的生命，成就一个国家的骄傲。党中央、国务院授予南仁东同志改革先锋称号，颁授改革先锋奖章，并获评"中国天眼"的主要发起者和奠基人。国家主席习近平签署主席令，授予南仁东"人民科学家"国家荣誉称号。南仁东被评选为"最美奋斗者"。为此我们组织此次活动缅怀南老，致敬科学精神！

南仁东同志对事业的执着常人无法想象，1994 年初，南仁东提出利用喀斯特洼地作为望远镜台址，建设巨型球面望远镜作为国际

SKA 的单元，开始启动贵州选址工作。为了给 500 米口径球面射电望远镜（FAST）工程选址，带着 300 多幅卫星遥感图，跋涉在中国西南的大山里，先后对比了 1000 多个洼地，时间长达 12 年。将个人追求融入建设世界科技强国的"科技梦"，用行动诠释了对祖国的忠诚，对人民的大爱，为后人留下了丰硕成果；坚持面向世界科技前沿、面向国家重大需求、面向国民经济主战场，以坚韧不拔的毅力、锲而不舍的追求努力攻克重大科技难题，为人类文明进步不断贡献"中国智慧"。我们作为中国科学院控股下属公司员工，更要以南仁东先生为榜样，弘扬热爱科学、献身科学的精神。学习南仁东事迹，学习他胸怀祖国、服务人民的爱国情怀，学习他敢为人先、坚毅执着的科学精神，学习他淡泊名利、忘我奉献的高尚情操。

离开南仁东同志的墓地，大家一起参观了李大钊纪念馆。大家深刻感受到了中国共产党领导的民族独立解放事业的艰苦历程，更加珍惜今天来之不易的幸福生活和工作。同志们纷纷表示要认真学党章党规、学系列讲话，做合格党员，积极践行习近平总书记提出的革命理想高于天的信念，坚持正确政治方向，经受住各种风险和困难考验，永葆共产党人的政治本色。

通过本次党日活动，增强了全体党员的责任感、使命感。加强支部建设，提升支部党建科学化水平，充分发挥支部党员干部主观能动性，结合自身岗位和专业知识，在南仁东精神鼓舞下，带头研究解决实际问题，带领身边的员工努力工作，做出表率，以实际行动为公司发展实现自我价值。

（资料来源：中共国科健康党支部，2020 年 10 月）

案例七：总行党委宣传部^①党支部开展
庆"七一"主题党日活动

2019 年 7 月 1 日，农发行总行党委宣传部党支部在学习领会"不忘初心、牢记使命"主题教育目标任务，认真贯彻落实学习要求的基础上，开展庆"七一"主题党日活动，通过学习先进典型、重温入党誓词、为党员过政治生日、交流讨论等形式，主动接受重温初心的精神洗礼，深入推进党支部主题教育开展。

主题党日活动分典型引领、不忘初心、为党祝福、铭记党恩、担当作为 5 个环节进行：

典型引领。全体党员共同观看了全国优秀共产党员、时代楷模、战斗英雄张富清同志的先进事迹，大家深受感动，纷纷表示要学习他忠诚于党、矢志奉献的政治品格，不畏艰险、勇于牺牲的战斗精神，淡泊名利、深藏功名的高尚情操。

不忘初心。在党支部书记赵建生的带领下，全体党员重温入党誓词，党员们庄严地举起右手的那一刻，内心的激情澎湃、热血沸腾，给人以无穷的力量，进一步坚定了大家的共产主义信念，激发了作为一名共产党员的自豪感和使命感。

为党祝福。在《党啊，亲爱的妈妈》歌声中，全体党员共同祝福党的 98 岁生日，每个人认真书写下对党诚挚的祝福，汇聚成对党的热爱之心。

铭记党恩。青年党员和入党积极分子声情并茂，共同朗诵《党旗颂》，抒发热爱祖国、热爱党、热爱人民的炽热深情。

---

① 指的是中国农业发展银行总行党委宣传部。

担当作为。副总经理谷志红同志为 3 名过政治生日的党员赠送生日卡，张雨洋代表 3 名党员分享入党初心，各党小组选派肖江兰、韩常江、刘浩、阴燕茹 4 名同志作为代表，结合党日活动内容交流学习体会。

赵建生同志对活动进行总结。他强调，作为一名共产党员必须做到不忘初心、牢记使命，在实际工作践行初心，把初心转化为做好本职工作的实际行动，把个人追求与党的事业紧密联系起来，立足岗位建功立业，充分发挥先锋模范作用。要按照习近平总书记提出的"政治过硬、本领高强、求实创新、能打胜仗"的要求，深入学习贯彻习近平新时代中国特色社会主义思想，锤炼忠诚干净担当的政治品格，加强理论学习和实践锻炼，不断提高宣传工作能力和水平，推动建设一支忠诚干净担当的宣传干部队伍，更好地承担起宣传思想工作的使命任务。要把主题教育与党支部建设结合起来，通过主题教育推动支部建设制度化规范化，更好发挥党支部的战斗堡垒作用和共产党员的先锋模范作用。要继续深入开展"勤学习、增本领、作贡献"活动，坚持学理论、学知识、学经验，增强文字综合能力、调查研究能力、新媒体运用能力，为和谐部门建设、宣传思想文化工作、农发行改革发展作出积极贡献。

主题党日活动结束后，大家纷纷表示，在这个特殊的日子重温入党誓词，感受到更多的是一种神圣、一种责任、一种使命。回顾党的辉煌历程，无比骄傲、激情澎湃，展望新的伟大工程，豪情满怀、信心百倍。要不忘初心、牢记使命，立足本职、恪尽职守、勤勉工作、担当作为；要自觉把思想统一到习近平总书记重要讲话精神上来，继续按照"不忘初心、牢记使命"主题教育活动要求，牢记全心全意为人民服务的根本宗旨，对标理论学习有收获、思想政治受洗礼、干事创业敢担当、为民服务解难题、清正廉洁做表率的目标，有针对性地加强理论学习，全面系统学、深入思考学、联系实际学，确保取得扎扎实实的成效，把全心全意为人民服务的根本宗旨贯彻到每一项工作中，为实现中华民族伟大复兴的中国梦贡献力量。

（资料来源：中国农业发展银行微信公众号，
2019 年 7 月 2 日）

案例八：进出口银行①办公室党支部举行"'抗疫复工'榜样的力量 我身边的共产党员"庆"七一"主题党日活动

在中国共产党建党 99 周年之际，进出口银行办公室党支部举行"'抗疫复工'榜样的力量 我身边的共产党员"庆"七一"主题党日活动。行党委副书记、副董事长、行长吴富林以普通党员身份参加活动，党委委员、机关党委书记、副行长宁咏，党委组织部部长夏建华、机关党委常务副书记沈英、机关纪委书记单英杰等应邀出席活动。

首先，办公室党支部书记许波宣读了《办公室关于鼓励先进的实施意见（试行）》。2020 年上半年，办公室党支部在行党委正确领导下，坚持一手抓工作、一手抓党建，全力服务好疫情防控和全行改革发展各项任务。疫情发生以来，办公室党支部创新工作方式，先后开展了线上理论学习、学习"大讲堂"、"五四"青年座谈会、"金点子"建议等一系列党建活动，不断激发党员干部干事创业、勇于担当的精气神，形成了人人争当先进的良好氛围。

接着对获得上级业务主管部门通报表彰的先进个人——杨源源同

---

① 指的是中国进出口银行。

志（"2019 年中央国家机要文件交换站优秀交换员"）和张昱同志（"2019 年主要银行保险机构新闻工作先进个人"）进行了通报表扬。

随后，本次党日活动重头戏——"'抗疫复工'榜样的力量　我身边的共产党员"演讲比赛决赛在令人振奋的宣传视频《众志成城　砥砺前行》中拉开帷幕。10 位从初赛中脱颖而出的决赛选手分别以身边优秀共产党员为范本，讲述了新冠肺炎疫情发生以来感受到的榜样的力量。从退掉的春节返乡火车票到交换箱里的厚厚凭证，从凌晨反复修改的新闻稿到办公室行军床上的囫囵一夜……一个个鲜活的形象，一段段感人的事迹，全景展现了办公室党员同志全力发挥全行中枢作用，保障各项工作高效运转，不停摆、不断档、不松劲的工作作风，生动展示了他们勇于担当、主动作为，全心付出、甘于奉献的精神风貌。办公室党支部同志在平凡工作岗位上取得的不平凡的工作业绩，在特殊时期迸发出的强大力量，在困难和挑战面前展现的大无畏精神，以及面对家庭和亲人作出的选择与牺牲，深深感染着在场的每一个人，听者动容，闻者含泪。

机关纪委书记单英杰应邀对演讲作了点评。他为 10 位选手精彩的演讲点赞，对办公室全心全意服务全行改革发展的精神表示钦佩。在评委为参赛选手打分期间，办公室党支部对前期开展的"提升办公室精细化管理'金点子'活动"评选结果进行了现场表彰。

宁咏同志深有感触地说，这次党日活动展现的闪光点汇聚成了一股正能量，涵养和弘扬了浩然正气。希望办公室全体员工把这份正能量长久地带入到日常工作中去，牢记"干得好、人气畅、促先进、勤沟通"的十二字箴言，以此次活动为契机，进一步激发党员干部干事创业的热情。

吴富林同志在总结讲话中表示，参加演讲的同志才华横溢，用声光电的形式立体生动地展示了办公室党支部团结战斗、高效率、高质量的先进形象。2020 年，面对突如其来的疫情，进出口银行员工临危不惧，在胡晓炼董事长带领下，从容应对困难挑战，疫情防控取得了优异成绩，业务开展取得了多方面成就。当前，面对疫情防控及中美贸易摩擦等外部压力，作为稳外资、稳外贸、支持先进制造业、发展普惠金融的"国家队"和主力银行，进出口银行重担在肩、责无旁贷。希望办公室干部员工，特别是年轻同志以"自古英雄出少年"的豪情壮志，让进出口银行改革发展的事业，让中国共产党砥砺前行的伟大征程行稳致远、扬帆远航。

最后，主题党日活动在雄壮有力的大合唱《团结就是力量》中圆满结束。

（资料来源：口行党建微信公众号，2020 年 7 月 9 日）

案例九：不一样的线上主题党日活动①

"习近平同志指出，武汉人民用自己的实际行动展现了中国力量、中国精神，彰显了中华民族同舟共济、守望相助的家国情怀。武汉不愧为英雄的城市，武汉人民不愧为英雄的人民。" 3 月 13 日下午，一场通过行信连线湖北省分行和办公室第三党支部的"线上"主题党日活动，正如火如荼地进行。

办公室第三党支部和湖北省分行连线
举行"线上"主题党日活动

身处疫情严重地区，湖北省分行党务工作部部长魏勇结合这两个

―――――――――――
① 中国银行党委办公室党总支第三党支部与湖北分行主题党日活动。

多月来的经历，说出了心声："当前全国疫情抗击形势出现了积极变化，这一切都来源于党中央的英明决策和有力领导。"

不获全胜，决不收兵！

为发挥好基层党组织的战斗堡垒作用和党员的先锋模范作用，进一步为打赢疫情防控阻击战凝神聚力、鼓舞士气，办公室第三党支部组织开展了一场别开生面的"线上"主题党日活动。全体党员集体在线学习了《习近平总书记在湖北考察新冠肺炎疫情防控工作有关指示精神》和总行党委关于进一步加强疫情防控工作的部署安排，并通过行信连线湖北省分行党务工作部魏勇同志，了解湖北省分行抗击疫情的有关情况。

湖北省分行党务工作部部长魏勇作线上发言

强化责任担当，坚定"抗疫"决心。

600多个党支部积极投身疫情防控，保障金融服务，构建成了湖北中行疫情防控坚强的战斗堡垒。安全保卫部党支部组织在岗值守党员在党旗前庄严宣誓；江汉支行营业部党支部不畏被传染的风险，为金银潭医院提供金融服务；鄂州分行党委克服重重困难，通过三地接力为鄂州中心医院提供医疗物资；分行4000多名党员勇敢"逆行"，在驻村扶贫、社区志愿服务、疫情业务处理一线，他们用无声的行动，执着的坚守，诠释了共产党员的使命担当。

连线中，魏勇同志详细介绍了湖北省分行疫情防控工作开展情况，他动情地说道："在他们身上，我们看到了信仰的力量、担当的力量，正是这样的力量，激励着我们迎难而上，鼓舞着我们砥砺前行。他们用行动展现出了越是艰险越向前的英雄气概。"

在听取魏勇同志介绍湖北省分行各级党组织和广大党员干部的感人事迹和生动故事后，支部党员无不动容，纷纷踊跃发言，交流学习体会。

党员宋文婕说："疫情当前，要牢记自己的初心使命，关键时刻冲锋在前，全力以赴完成党组织交办的各项工作。"大家纷纷表示，通过"线上"支部主题党日活动，进一步提高了政治站位，增强了党性意识，更加坚定了抗击疫情的信心和决心。

"一个支部就是一个坚强的战斗堡垒，一名党员就是一面鲜红的旗帜。"办公室第三党支部书记赵珮瑛在总结发言中讲道。湖北省分行广大党员干部率先垂范，舍小家顾大家，奋勇向前、逆行而上，保持绿色金融服务通道畅通，体现了中行人的责任与担当，用实际行动践行了一名共产党员的初心和使命。我们要一手抓防控、一手抓发展，严格落实党中央关于疫情防控工作的决策部署，根据总行党委工作要求，凝心聚力、共克时艰，为早日取得疫情防控阻击战的胜利贡献我们的力量。

（资料来源：复兴壹号微信公众号，2020 年 3 月 18 日）

案例十：光大银行烟台分行运营管理部党支部开展"不忘初心弘扬工匠精神，争先创优成就光大事业"主题党日活动

为深入学习贯彻习近平新时代中国特色社会主义思想，全面落实集团"三三五"党建工作要求，充分发挥基层党组织的战斗堡垒作用和党员先锋模范作用，将党建工作和业务发展相结合，落实集团"三名""四精""五要"的工作要求，助力网点转型、推动运营工作全面提升，服务分行业务发展，为精准对接分行经营发展的工作需要，分行运营管理部党支部深入基层进行调研，认真分析基层网点反

映较为集中的需求。针对条线岗位技能练不好、柜员培训效果弱、外汇业务不敢碰、复杂业务专家少的四类突出问题，烟台分行运营管理党支部拟定详细活动方案，于 2019 年 5 月 16 日晚，在运营条线组织开展了"不忘初心弘扬工匠精神，争先创优成就光大事业"的主题党日活动。

活动一开始，由分行运营管理部党支部书记宣讲主题党日活动方案，介绍活动初衷。近年来，总分行网点转型工作稳步开展，网点减窗、柜员转岗，随着减窗工作告一段落，高柜柜员普遍对未来职业生涯发展较为迷茫，小部分柜员思想出现波动。针对上述问题，根据总行运营重点部署，结合扎实细致的基层调研，运营管理部党支部确立"不忘初心弘扬工匠精神，争先创优成就光大事业"为党日活动主题，旨在通过成立各类特长小组并组织形式多样的线上及线下活动，引导全体柜台人员立足本职岗位，积极参与各个特长小组活动。

接下来，运营管理部党支部宣布成立"技能能手""内训达人""外汇高手"及"业务骨干"等一系列特长小组。当晚，经层层筛选的多位优秀党员或积极分子脱颖而出，被选拔担任特长小组的组长。4 位组长均为运营条线"业务明星"，既有总行一级服务能手、总行级内训师，也有总行三级人才、分行外汇业务专家。为确保特长小组"民间组织"的活动能够顺利开展，提升号召力，运营管理部 4 位中心主任率先垂范，分别对接 4 个特长小组，负责小组日常服务工作。由优秀党员干部领导的特长小组迅速招募组员，研究制定小组工作计划和活动方案，积极发挥党员表率作用，带领特长小组积极配合条线围绕重点工作开展活动。特长小组工作的开展，亦是加强党支部政治建设、加强党员干部党性锻炼的良好契机，有效实现了党建与经营发展的双促进、双提升。

最后，支部书记苑永香总结了 2019 年以来本支部开展主题党日活动的特色做法。运营条线多为年轻员工，"90后"员工占比过半，加之柜台日常工作任务较为繁重，如何在不额外占用柜员过多休息时间的前提下，保证主题党日活动的顺利开展，是运营管理部党支部面临的重要课题。党支部深入基层，广泛调研"90后"柜员的需求建议，精心确定每次小组活动的形式，积极探索融入互联网元素，开展开放式、互动式党日活动，有效激发了全体柜员参与活动的积极性。

烟台分行运营管理党支部主题党日活动的开展，掀起了运营条线"争先创优"的热潮，条线人员学榜样、钻业务、练本领的积极性高涨，全体柜员用匠心磨砺初心，在三尺柜台的小小阵地践行使命，涌现出一批党性强、业务精、本领高的优秀党员，切实起到了党员先锋模范作用。随着党支部主题党日活动的持续深入，4个特长小组的日常活动有序开展，条线人员已将特长小组的活动融入日常工作，各个小组均取得了较为丰硕的活动成果；运营条线的整体战斗力得以显著提升，内外部评价较高，具体成效如下。

在"技能能手"特长小组党员干部的带动下，分行整体业务技能水平显著提升，目前拥有总行一级服务能手4人（5项）、二级服务能手17人（24项）。特长小组还肩负起了新入职员工技能培训和各级技能竞赛的组织、选拔、培训工作，持续不断为条线发掘培养技能人才。

在"内训达人"小组的努力下，分行内训师队伍迅速扩大，涌现出多位优秀讲师。2019年9月21日，分行运营条线举办条线内训师决赛，18位选手为观众呈献了一场精彩纷呈的演出。2019年9月，烟台分行开展"金融宣讲进校园"的活动，分批到各驻烟高校开展金融知识宣讲。训练有素的运营内训师成为讲师团的中坚力量，高质量课件以及现场幽默互动受到高校学生的热烈欢迎。目前分行运营条线拥有总行级内训师1人、分行级内训师10人。在课程设置、课件制作及讲师现场互动等方面都有了质的飞跃，条线整体培训效果提升显著。

在主题党日活动稳步开展的过程中，党支部成员充分发挥党员先锋模范作用，秉承"以党建引领业务发展"的理念，深入一线带领各个特长小组紧紧围绕总行重点工作开展活动，运营条线精细化管理水平逐步提高。2019年上半年，在总行运营管理综合考评中，烟台分行位列系统内第一位，全部指标均获满分或加分，受到总行通报表扬；2019年8月，在总行举办的"明星督导培训班"上，烟台分行的高质量季度督导报告，被总行作为范本纳入培训材料，成为入选的4家分行之一；2019年7月，在中国支付清算协会举办的"支付安全与防范电信网络新型欺诈宣传文案征集"活动中，我行柜员姜龙杰的打油诗《防范电信诈骗，共享幸福生活》荣获支付协会三等奖，并在协会公众号及官网发布，受到总行通报表彰；运营条线阳光服务、柜面营销工作常抓不懈，有效支持业务发展；在分行党委的悉心关怀下，条线党员干部得以健康成长

（资料来源：中国光大银行党务工作部，2019年9月26日）

案例十一：中国对外文化集团公司"中演院线"党总支及第五党支部组织开展"不忘初心牢记使命"主题党日活动

2018年7月4日，中国对外文化集团公司"中演院线"党总支及第五支部牵头组织党员参观北京市反腐倡廉警示教育基地，开展"中演院线"党总支"不忘初心　牢记使命"的主题党日活动，"中

演院线"领导班子、在京党员、入党积极分子、团员等一同参加。

据了解，警示教育基地由市纪委市监委、市委政法委主办，市司法局、市监狱管理局承办，主要面向中央国家机关、企事业单位、军队和北京市的党员干部及监察对象开展警示教育。教育基地的主题展览主要分为"挺纪在前、筑牢防线"、"以案为鉴、知畏知止"和"不忘初心、牢记使命"三部分。展览以"总书记的告诫"开篇，以习近平总书记重要论述为主线，集中展示了以习近平同志为核心的党中央坚持党要管党、全面从严治党取得的伟大成就和北京市全面从严治党取得的丰硕成果。随后，第五支部的党员及团员们集中观看了警示教育片，通过视频、图片等叙述形式，大家直观地看到了职务犯罪服刑人员入狱前后的巨大落差，听到了他们发自内心的悔过之声，揭示了违法乱纪的危害。对全员起到了强烈的触动和警示作用。

随后，"中演院线"党总支书记张颖琳同志带领大家一同学习了《中国对外文化集团公司"三重一大"决策制度实施细则（试行）》《中国对外文化集团公司党风廉政建设责任制实施办法》《中央八项规定实施细则》三份文件，并深刻学习了进一步加强集团党风廉政建设，明确各级领导班子及其成员在党风廉政建设中的责任的相关问题。张颖琳同志表示，实行党风廉政建设责任制，要以习近平新时代中国社会主义思想为指导，坚持党委统一领导、认真落实新时代党的建设总要求，坚持标本兼治、综合治理，注重预防，坚定不移推动党风廉政建设责任制落到实处。要落实党风廉政责任制就是要齐抓共管、纪委组织协调、部门各负其责，依靠群众的支持，坚持集体领导和个人分工负责相结合，谁主管、谁负责，一级抓、层层抓落实。"中演院线"各直营剧院及下属子公司也在积极响应中国对外文化集团的号召，积极地落实完善党风廉政责任制，"中演院线"的各级领导班子对职责范围内的党风廉政建设应当负全面领导责任。领导班子主要负责人是党风廉政建设第一责任人，应当重要工作亲自部署、重大问题亲自过问、重点环节亲自协调、重要案件亲自督办。领导班子其他成员根据工作分工，对职责范围内的党风廉政建设负主要领导责任。除了亲自部署、亲自过问之外，领导班子还应该积极推动制度创新，深化体制改革，同时在选拔任用干部方面要严格把关，防止和纠正选人用人上出现问题。除了从上往下抓之外，独立的考核与监督制度也要进一步落实完善。

领导班子及领导干部执行党风廉政建设责任制的情况应当列入民主生活会和述职述廉的重要内容，与集团年度工作考核实施。同时，考核还应当充分发扬民主，广泛听取党内外群众意见。考核结果作为对领导班子和领导干部业绩评定、奖励惩处、选拔任用的重要依据，逐步形成落实党风廉政建设责任制工作考核评价激励机制。通过此次活动，党员干部们深刻感受到了法律的神圣，进一步帮助党员干部树立了正确的世界观、人生观、价值观、利益观、荣辱观。也让党员们意识到，要做到廉政，一是突出抓好政治理论学习，学习中不断提高思想政治修养；二是加强对《党章》和廉洁从政各项规定的学习。通过不断的学习理论知识，并把理论和实践相结合，在实践中运用理论，在实践中锤炼出坚强的党性，为真正做到"讲政治、强党性、严纪律、守规矩"打牢思想基础。

最后，第五支部的全体党员及团员们在北京市反腐倡廉警示教育基地门口进行了合影留念。"中演院线"党总支"不忘初心 牢记使命"的主题党日活动至此圆满结束。

（资料来源：中演演出院线发展有限责任公司官网，2018 年 7 月 17 日）

案例十二：增强国企意识　强化员工担当

——银川通联资本①第一党支部主题党日活动

为深入学习宣传贯彻 2020 年全国"两会"精神，全面系统领会和把握自治区党委十二届十次全会精神实质，同时进一步增强创建国家森林城市、共建美丽新银川的理念和行动意识，增强全体党员职工保密观念，2020 年 5 月 29 日，银川通联资本第一党支部组织全体员工、职工开展了"创建国家森林城市、共建美丽新银川"暨"法在心中、法在行中"主题党日活动。

话盛会信心满怀，学精神振奋人心

第一党支部书记闫静对 2020 年全国"两会"召开情况进行了详细介绍，并带领全体参会人员认真学习了 2020 年政府工作报告，结合党员职工思想实际和国企发展形势需要，就"两会"中的新思想、新观点、新论断进行了重点讲解，进一步统一了思想，加深了全体党员职工的理解认识。

为了更好地推动全体党员职工学习贯彻自治区党委十二届十次全会精神，闫静书记带领与会人员认真学习了《中国共产党宁夏回族自治区第十二届委员会第十次全体会议决议》。通过解读，闫静书记要求公司各部门、全体党员职工要提高政治站位，提升思想认识，充分领会会议召开的重大意义，坚持以习近平新时代中国特色社会主义思想为指导，全面贯彻落实党的十九届四中全会精神和习近平总书记视察宁夏时的重要讲话精神。

---

①　指的是银川通联资本投资运营有限公司。

让森林走进城市，让城市拥抱森林

"创建国家森林城市、共建美丽新银川"主题活动中，全体党员职工认真学习了《习近平生态文明思想的三大基本理念》《银川市创建国家森林城市实施方案》。银川通联资本将通过积极参与相关志愿服务活动，切实强化国企的责任担当，聚焦聚力高质量助力国家森林城市创建，全面助推创建森林城市工作更上新台阶。

法在心中，法在行中

为进一步增强全体员工的保密意识和责任意识，在"法在心中，法在行中"主题活动中，闫静书记通报了《保密法》规定的禁止性严重违规行为，并对全体员工提出了明确要求。她指出，要高度重视保密工作，建立健全保密工作制度，认真落实保密工作的相关法律要求。全体员工，特别是档案信息、宣传工作人员，要加强涉密信息及涉密文件的管理，主动查找问题，消除隐患，有针对性地做好保密工作，坚决杜绝泄密事件的发生。为保证所有员工将保密工作入脑入心，党支部组织与会人员观看了《胜利之盾》第一集。

通过此次主题党日活动，银川通联资本第一党支部希望进一步把学习宣传贯彻全国"两会"精神引向深入，坚持在学深悟透的基础上，切实做到用习近平新时代中国特色社会主义思想统一思想、凝聚共识、指导行动，把"两会"精神、自治区党委十二届十次全会精神、创建森林城市和保密工作要求贯彻落实到本职工作的各个方面，开拓创新，有所作为。

（资料来源：银川通联资本投资运营有限公司，2020年6月1日）

案例十三："厉行节约从我做起　让节俭用餐成为新风尚"

——国信公司党支部、国融公司党支部、丰源社区党支部联合开展主题党日活动

传承美德　勤俭节约

"一粥一饭当思来之不易，半丝半缕恒念物力维艰。"为贯彻落实习近平总书记重要指示精神，倡导文明用餐，形成文明、科学、理性、健康的餐饮消费理念，在全社会营造消费可耻、节约光荣的氛围，2020 年 9 月 11 日，巴州①国信公司党支部、巴州国融公司党支部、丰源社区党支部联合开展了"厉行节约从我做起　让节俭用餐成为新风尚"主题党日活动。巴州国信公司党委委员、国融公司党支部书记李彦东主持此次活动。

活动通过齐唱国歌、重温入党誓词、齐诵党章等形式开展，并组织全体党员学习习近平总书记关于坚决制止餐饮浪费行为，切实培养节约习惯的重要指示精神和自治区纪委监委关于制止餐饮浪费行为的九项措施，组织观看《焦点访谈：一粥一饭不易且重大》电视节目，让全体党员思想上受到触动和警醒，从而进一步坚定树立"浪费可耻，节约为荣"的理念。

全体党员齐诵"厉行勤俭节约，制止餐饮浪费"承诺书，从"传承美德，勤俭节约；倡导光盘、反对剩宴；相互提醒，从我做起；积极宣传，努力推动"这四个方面出发，倡导全体干部职工传

---

① 巴州指的是新疆巴音郭楞蒙古自治州。

承美德，勤俭节约，坚决抵制"舌尖上的浪费"，进而推动形成"厉行节约，反对浪费"的良好社会风尚。随后全体党员在"我倡议，我践行"厉行勤俭节约、反对铺张浪费签名簿上写下"一句话感言"作为自己的承诺，时刻提醒自己把节约意识贯彻到生活的各个方面。

活动最后，召开了交流座谈会，各位党员认真查摆和深刻剖析了自身在厉行节约、反对浪费方面存在的问题和不足，并就此次活动感悟进行了交流发言。

丰源社区退休老党员刘华生说："实现共产主义的道路很漫长，需要全体党员的共同努力，每人节约一滴水、一粒粮，就可以养活一方人，过去的日子很艰苦，比起过去，我们现在确实手中有粮、心中不慌，但不能忘记，每一粒粮食都来自辛勤的劳动，我们要倍加珍惜。"

丰源社区党委书记金立伟说："社区将结合此次活动主题，对辖区内的党员及辖区内的餐饮行业加大宣传力度。作为党员，我们要从自我做起，加强家风建设，杜绝浪费，主动响应光盘行动，养成良好的生活习惯！"

国信公司党员干部王军说："在日常生活中，我们要以党员的身份做好宣传，向身边人传达'节约光荣、浪费可耻'的思想观念，努力使厉行节约、反对浪费成为我们根深蒂固的思想观念！"

通过开展本次活动，支部希望引导大家时刻保持粮食危机意识，养成崇尚节约、厉行节约的良好习惯，争当厉行勤俭节约、反对铺张浪费的表率者、践行者，让勤俭节约成为新风尚。

（资料来源：巴州国资国企微信公众号，2020 年 9 月 12 日）

案例十四：追寻历史印记　共庆祖国华诞

——职能部门①第三党支部和新市制造部
党支部联合开展主题党日活动

为庆祝中华人民共和国 71 年华诞，进一步学习贯彻党的十九大精神，增强党员政治意识，坚定党员理想信念，职能部门第三党支部和新市制造部党支部于 2020 年 10 月 18 日联合开展"不忘初心、牢记使命"主题教育暨学习红色文化之旅活动，接受革命历史教育，缅怀革命先烈。党员、团员、入党申请人参加了此次活动。

活动中，全体人员在广州起义烈士陵园集中乘坐"延安精神"主题车。"延安精神"主题车是三汽公司、观光巴士和广州市延安精神研究会为庆祝建党 99 周年共同打造的"南粤延安精神教育基地"和"三汽红堡垒流动学堂"，以新时代红色交通线串联相关爱国主义教育基地。

第一站大家来到杨匏安旧居陈列馆（杨家祠），重温华南地区系统介绍马克思主义第一人杨匏安的革命事迹以及上百位共产党人在红色据点杨家祠留下的革命足迹。革命先驱杨匏安追求真理、为革命事业慷慨就义的精神让大家钦佩不已。

第二站是广州起义纪念馆。1927 年 12 月 11 日，中国共产党在广州领导工人、农民和革命士兵举行了反抗国民党反动派的武装起义，并建立了第一个城市苏维埃政权。虽然起义未能取得成功，但为组建工农红军、取得革命胜利奠定了基础。纪念馆内举办了"红色中国——庆祝中国共产党成立 99 周年展"，展览中张贴有革命烈士

---

① 指的是广州白云山医药集团股份有限公司白云山何济公制药厂职能部门。

向秀丽的事迹介绍，并提及何济公药厂的秀丽楼。大家再次重温向秀丽烈士的英雄事迹，深受教育。

最后一站是越秀公园内的观音山战斗遗址。在 1927 年的广州起义中，起义军以镇海楼为中心，与敌军展开了激烈战斗。工人赤卫队直到弹尽粮绝仍坚守观音山阵地，许多工人壮烈牺牲。

活动结束后，观光巴士公司向党支部赠送了《延安情结》和《弘扬延安精神　争做时代新人》两本书籍。

本次主题党日在党支部组织共建活动的基础上，还积极邀请了团员代表、入党申请人等青年员工参加。在活动中两个支部的党员、团员相互交流，相互学习，相互促进，共同提高。

习近平总书记指出：历史是最好的教科书。通过重温党领导人民革命的光辉历程，可让党员、团员更加深刻理解和认识党的革命历史和革命精神，提高对党的认识，坚定政治方向，汲取精神力量。大家一致表示，在今后的工作中要进一步传承红色基因，弘扬革命精神，以更加坚定的信念、更加饱满的工作热情为企业的发展作出更大的贡献。

（资料来源：白云山何济公党建微信公众号，2020 年 10 月 24 日）

案例十五：上杭文旅公司①党支部组织开展"强化责任意识、筑牢安全防线"主题党日活动

为全面深入贯彻落实习近平总书记关于安全生产的重要论述，强化疫情防控，落实安全发展理念，提高广大党员干部安全生产及疫情

---

① 指的是福建省上杭县文化旅游发展有限公司。

防控意识，推动安全生产工作迈上新台阶，2021 年 1 月 28 日下午，上杭文旅公司党支部组织开展"强化责任意识、筑牢安全防线"主题党日活动，公司党员、入党积极分子及公司本部各部门负责人参加了本次活动。

活动开始后，党支部副书记张经忠首先宣读了《中共上杭县财政局机关党委关于同意"中共上杭古田建设发展有限公司支部委员会"更名为"中共上杭县文化旅游发展有限公司支部委员会"的请示》。张经忠表示，党支部更名工作是为了顺应公司新形势发展要求，是为了在公司下一阶段各项经营管理工作中提供坚强的组织保障。下一步公司党支部将在县委县政府和上级党委的正确领导下，立足服务上杭文旅产业发展实际，积极探索适应新时代国企党建创新发展的新路径，全面提升党建工作水平。

公司副总经理刘定益在主题教育活动中传达了《关于严格落实今冬明春和春节期间疫情防控"四方责任"工作的通知》《关于加强冬春季疫情防控工作的通告》，并要求公司党员干部、各部门负责人带头签订了《安全生产责任书》。随后通过组织观看《正风反腐就在身边》电视专题片中有关安全生产的片段，进一步强化党员领导干部和各部门负责人的规矩意识、底线意识。通过以上举措，切实增强了各部门、各子公司安全生产责任意识。

党支部书记廖耿宇对本次主题党日活动作了总结发言，并提出了以下几点要求：一是要做到思想认识到位，公司上下要牢固树立安全发展理念，高度重视疫情防控和安全生产工作落实情况，切实加强公司疫情防控和节前安全生产工作。二是要做到防控措施到位，各公司要坚决做好内部员工健康管理工作，严格执行每日上下班体温检测工作，特别是各景区、酒店和在建项目工地要切实加强疫情防控和节前安全生产工作，严格落实体温检测、佩戴口罩、不扎堆聚集、健康码查验、预约登记、定期消毒、错峰出行等防控措施。三是要做到物资储备到位，公司环安部和采购部要坚决做好防疫物资统筹工作，为公司上下疫情防控有序开展提供有力保障。四是要做到检查督导到位，要进一步健全安全生产监管机制，明确安全生产监管职责，对公司安全生产工作进行全面的细化，有效提升安全生产管理水平，促进公司安全生产工作落实落细。

（资料来源：古田建发党旗红微信公众号，2021年1月28日）

案例十六：旺甫①信用社党支部开展联动+互动"体验式"主题党日活动

自古逢秋悲寂寥，我言秋日胜春朝。2020年9月24日，和风微雨，秋意绵绵，一场别开生面的"体验式"主题党日活动在旺甫镇鹤洞村如期开展，来自中国人民银行梧州中支保卫科、货金科党支部，苍梧县旺甫镇鹤洞村党支部及苍梧联社机关党支部、城区党支部、旺甫信用社党支部的40多名党员一起，体验走出去的党建"联动+互动"主题党日活动，让党员教育真正活起来、动起来。

普惠到家 知农情解农忧

活动第一站，全体党员参观了苍梧农信社位于旺甫镇鹤洞村的桂盛通便民服务点，人民银行随行党员向服务点负责人莫甫佳详细了解便民业务的开展情况及所取得的成果，感谢她长期以来为服务点作出的贡献。并指出便民服务点是"金融普惠"延伸进村、服务到家门

---

① 旺甫隶属广西壮族自治区梧州市苍梧县。

口的神经末梢，做好便民点的建设，服务辐射周边群众的金融需求，便是做好金融"暖"服务扎扎实实的惠民工程。

一懂两爱　知农方能支农

"节瓜间隔太密会影响产量。""近期雨水密集，要多注意预防虫害。"在郁郁葱葱的蔬菜种植基地里，苍梧联社党委委员陈凡高与负责人岑柳东亲切交流起蔬菜的种植技术。旺甫镇鹤洞村退伍返乡创业青年岑柳东是"乡村振兴·金融普惠"行动早期的体验和受益者，从创业初期就得到了及时的信贷资金支持，创办了如丰种养殖农民专业合作社，走出了一条现代化农业电商发展之路。在他的引领下，全体党员参观了合作社的蔬菜种植基地和加工生产车间。人行梧州中支一行还详细询问了岑大哥合作社的经营发展情况和资金需求。全体党员干部表示，要以走进田间地头，双脚沾满泥土芬芳为荣，只有真正了解农村、农民和农业，才能做好服务"三农"工作。

在鹤洞村村委举行的座谈会上，陈凡高同志为全体党员上了一堂"对党忠诚，听党指挥"主题微党课。他指出，对党忠诚，就是要牢

固树立坚定的政治信念，坚持党的领导，永远做党和人民忠诚的卫士。党员干部应当时刻把党的政治纪律和政治规矩挺在前面，自觉自律，坚决维护党的权威，切实打牢高举旗帜、听党指挥、忠诚担当的思想根基，为人民群众解难题、办实事。

党建共创攻脱贫　普惠金融共前行

往日出现在田间地头、街头巷口的"普惠金融大讲堂"也被带到了座谈会。在聆听了一场生动的金融大讲堂后，各党支部的党员还紧密围绕"党建共创攻脱贫"主题展开深入探讨。本次"体验式"主题党日活动，加强了人民银行、农村信用社及镇村党组织之间的交流，党员干部通过多方联动+互动，有效提升党组织的凝聚力和战斗力，优化金融资源配置，提高金融质量，推进金融助力脱贫攻坚。

下一步，苍梧联社将在区联社和人民银行梧州中支的领导下，发挥党支部堡垒作用，持续开展多种形式的"体验式"主题党日活动，引领党员干部下沉基层、下沉服务。继续旗帜鲜明地将"党旗引领·金融先锋"行动深入推进，坚守服务"三农"、小微定位，为打造有温度、有情怀的"六好银行"而不懈奋斗。

（资料来源：苍梧农商银行微信公众号，2020年9月25日）

一场饱蘸温情的党员活动

——河南科学技术出版社赴贫困县开展"主题党日"活动纪实

提起党组织活动，人们脑海中往往闪现的是严肃，而河南科学技术出版社党支部赴国家级贫困县组织的一场"主题党日"活动却充满了温馨和亲情。2019 年 4 月 26—27 日，这家出版社党支部近 50 名党员和入党积极分子赴河南省信阳市国家级贫困县光山县和中原出版传媒集团定点帮扶村——东岳村开展了一场别开生面的"主题党日"活动。

全体党员在中原出版传媒集团帮扶贫困村——东岳村村部合影留念

一、轻松中沐浴党性教育

为了搞好"主题党日"活动，河南科学技术出版社党支部事前周密规划，把平时乘坐火车、大巴的枯燥时间利用的十分充分。26 日早上 8∶25，当 G541 次高铁从郑州东站刚刚启动，全体党员和同一车厢的乘客就看到车厢尽头悬挂了一面鲜艳的党旗，在社党支部宣传委员、副总编、工会主席李肖胜同志组织下，一场"党员应知应会知识测试"在火车的飞驰中顺利完成。然后，李肖胜同志又趁机通报了全体党员使用"学习强国"APP 的学习情况，并引导大家就如何利用好"学习强国"平台强化学习意识进行了热烈讨论和学习交流，平时感觉很严肃的活动在一个小时的乘车过程中紧凑而又轻松地完成。

高铁到达信阳东站后，一行人又集体转乘坐大巴前往光山县委党校，大家在嘹亮的红歌比赛中度过了一个半小时的车程。在中原出版传媒集团出版综合支部团支部书记、河南科学技术出版社第四党小组长马晓薇精心指挥下，五个党小组代表轮番演唱红歌，《没有共产党就没有新中国》《我和我的祖国》《红旗飘飘》《歌唱祖国》《打靶归来》《英雄赞歌》等经典颂歌溢满车厢。音调不准没关系，有叫好声就继续表演；忘记歌词没关系，可以翻看手机再重唱；没有奖品也没关系，谁唱谁自豪。于是，掌声、笑声、欢呼声赶走了一路寂寞。

在光山县的三个红色教育基地，全体党员亲身感受大别山英烈对党的忠诚，一次次受到洗礼和震撼。在国家级红色旅游景区、省级文物保护单位——王大湾会议会址，党员同志聆听刘邓大军千里跃进大别山的艰苦卓绝。在省级爱国主义教育基地——邓颖超祖居，党员同志感慨周恩来、邓颖超夫妇对党的忠诚担当。在党性教育基地——花山寨会议旧址，党员同志感受到了中共鄂豫皖省委和中国工农红军第二十五军"敢为人先，敢于担当，敢夺第一，独立自主"的先锋精神。

二、庄严中彰显对党忠诚

在光山县委党校，开班仪式简短而隆重。县委党校党委书记、常务副校长程春燕同志开班动员讲话简洁明了，河南科学技术出版社副总编李肖胜号召全体党员在中原出版出彩计划中，以实际行动和优异成绩向党组织交出一份满意的答卷，并代表党支部扶贫扶智送书下基层。中原出版传媒集团驻村第一书记、集团公司党委工作部主任、直属单位党委副书记贾巍同志向大家提出三点要求：一是要传承红色基因，增强理想信念；二是要深入田间地头，锤炼提升"四力"；三是要严明作风纪律，展现集团风尚。最后，他还向社党支部授了"走进红色光山，助力脱贫攻坚"锦旗。

贾巍同志（中）向科技社党支部授旗

在中原出版传媒集团定点扶持贫困村——东岳村，村党总支书记杨长家同志为全体党员讲了一堂朴实无华的党课。他以《幸福是奋斗出来的》为题，从东岳村由贫困到富裕的惊人变化中，让大家体会到国家精准扶贫政策的决策伟大，体会集团公司 8 年来持续帮扶为东岳村带来的巨大变化，体会集团派驻东岳村三位"第一书记"的辛勤付出，体会共产党员关键时刻的责任担当。

在中国工农红军第二十五军出发地的花山寨会议旧址，全体党员庄严地举起右拳，面向鲜红的党旗重温入党誓词，再受思想洗礼。"我志愿加入中国共产党，拥护党的纲领，遵守党的章程……"铮铮誓言在会议旧址上空久久回荡。

三、体验中感知变革与发展

河南科学技术出版社发挥农业、医学、手工方面的专业优势，带领花卉、果树专家到东岳村的田间地头为村民义务指导花卉、果树培育、修剪与维护技术；带领内科、针灸、推拿、康复医学专家为村民开展义诊；到村办企业与职工开展手工活动对接座谈会。

在东岳村的田间地头，党员同志体验了茶叶采摘、豌豆采摘的艰辛。通过采茶活动，大家知晓了茶农的辛劳；通过豌豆采摘活动，大家感受了农活的不容易。

在集团公司定点扶持贫困村——东岳村，党员同志看到了整洁的乡间公路四通八达，处处青山绿水；看到了家家白墙黛瓦，门前花红柳绿；看到了人人安居乐业，精神面貌焕然一新，亲身感受到精准扶贫带给百姓的可喜变化。在返程的大巴上，党员、积极分子、专家和记者纷纷发言，盛赞党的精准脱贫政策，畅谈接受红色教育感受，期望下次更有亲情的"主题党日"活动早点到来。

（资料来源：学习强国 APP 河南学习平台，2019 年 4 月 29 日）

第四章　高校党支部主题党日活动案例

党的十八大以来，习近平总书记围绕"培养社会主义建设者和接班人"作出一系列重要论述，深刻回答了"培养什么人、怎样培养人、为谁培养人"这一根本性问题。高校基层党组织作为学校党的工作和战斗力的基础，关系学科建设、人才培养、师资队伍、科学研究、社会服务等各项事业发展。

2010年8月，中央印发的《中国共产党普通高等学校基层组织工作条例》分别规定了教职工党支部的四项主要职责、大学生党支部的五项主要职责。2014年10月，中央办公厅印发的《关于坚持和完善普通高等学校党委领导下的校长负责制的实施意见》，对教职工党支部和学生党支部的职责作用作出了进一步规定："提高发展党员质量，加强党员教育管理。大力创建基层服务型党组织，不断提高基层党组织的创造力凝聚力战斗力，保证党的路线方针政策和学校各项决定的贯彻落实。"《中国共产党支部工作条例（试行）》对高校中的党支部的重点任务作了进一步明确："高校中的党支部，要保证监督党的教育方针贯彻落实，巩固马克思主义在高校意识形态领域的指导地位，加强思想政治引领，筑牢学生理想信念根基，落实立德树人根本任务，保证教学科研管理各项任务完成。"这些论述和规定，为高校党支部在坚持为党育人、为国育才方面提供了根本政治方向和遵循，也明确了高校党支部开展主题党日的目标和方向。

针对高校党支部开展主题党日活动存在的形式单一、内容单调等问题，许多高校学生党支部和教职工党支部结合自身特点不断创新活动形式、丰富活动内容、甄选活动时间，一定程度上增强了活动的深度和趣味性。本章按照公办和民办高校进行分类排序，根据学历和学位不同，将学生党支部主题党日案例按照专科生党支部、本科生党支部、硕士生党支部、博士生党支部主题党日活动案例进行排序；根据教职工所处部门的不同，将教职工党支部主题党日活动案例按照学院（系）教师党支部、财务处党支部、研究生处党支部、图书馆党支部、校团委党支部、保卫处党支部等主题党日活动案例顺序进行排列。希望能为各高校党支部开展主题党日活动提供一定的借鉴和参考。

案例一：武汉大学计算机学院本科生第一党支部主题党日活动

2020 年 11 月，武汉大学计算机学院本科生第一党支部开展主题党日活动，学习贯彻党的十九届五中全会精神。党日活动分理论学习和实践学习两个部分。

理论学习

2020 年 11 月 19 日下午 2 点，计算机学院本科生第一党支部全体党员齐聚计算机学院会议室，进行党的十九届五中全会精神的理论学习。活动伊始，党支部书记胡星灿为支部党员简要介绍了书中的所包含文件的结构以及十九届五中全会召开的背景知识。

胡星灿带领支部党员共同学习了《中共中央关于制定国民经济和社会发展第十四个五年规划和二〇三五年远景目标的建议》（以下

简称"十四五"规划《建议》）。他从十九届五中全会的历史方位和"十四五"规划《建议》的历史任务、二〇三五年远景目标和"十四五"时期经济社会发展指导方针和主要目标、"十四五"规划《建议》的框架结构和两条贯穿性的思想和逻辑线索三个方面对"十四五"规划《建议》内容进行了梳理。

实践学习

2020 年 11 月 30 日，计算机学院本科生第一党支部以参观万林艺术博物馆"我们在一起——武汉大学抗击新冠肺炎疫情特展"的方式进行实践学习，在进一步学习和弘扬抗疫精神的同时，胡星灿作为万林博物馆的志愿讲解员，将党的十九届五中全会精神的要点融于讲解词中，让同志们在参观中对党的十九届五中全会精神有了更深刻的体会。

在展览的序厅，他重点讲解了习近平总书记重要论述"坚决打赢疫情防控的人民战争、总体战、阻击战"中的"总体战"概念，并以此延伸讲解了"十四五"时期经济社会发展必须遵循的"坚持系统观念"原则。

在展览的第二部分"生命至上"板块，他以抢救肺移植患者崔志强等例子，阐释了"十四五"时期经济社会发展必须遵循的"以人民为中心"原则。

在展览的最后，他用 2020 年 6 月 30 日学校举办 2020 届毕业典礼的情形引出了中国率先控制住疫情、率先复工复产这一步"先手棋"正是我们可以乘势而上的重要依据。

支部成员学习感悟分享

黄木琪在学习后深感创新之重要，她说："本次学习中，我们重点提到创新一词。在我国加速发展现代产业体系的关键时刻，创新的重要性不言而喻。我们的重要经济来源是劳动密集型产业，但智慧密集型是我们奋进的目标。作为当代大学生，并且就读于计算机科学与技术专业，我深感创新之于国家发展的重要性。科技创新带来了制造业和经济的进步，更给人们的日常生活带来日新月异的积极变化。电子支付日渐普及，轻轨地铁遍布城市，计算机技术的发展和进步功不可没。尤其如今人工智能成为近年来的热潮话题，机器学习和深度学习方向的难题正在逐步被科研先驱们攻克，我们也正学习前人的智慧精华，并试图在未来的研究和工作过程中，提出创新想法，做出优秀的成果，为学术界和工业界贡献自己的力量！"

孙晨则从国际博弈的角度谈了自己的体会："今年新冠疫情的暴发，相比于外国疫情防控的缓慢进展，中国凭借自己的制度优势迅速控制了疫情的扩散。中国的优势展示在了全世界的视野中，近年来隐藏在暗处的矛盾也集中引爆。欧美发达国家的人们靠着技术霸权牟取暴利，剥削其他国家。随着我国突破了一个又一个技术壁垒，发达国家不仅没法再牟取暴利，反而会被我国的产品抢占市场，势必会导致对中国的敌视与打压。所以归根结底还是得自强，我国走到今天这一步实属不易，中国人想挺直腰杆不能靠他人的施舍，只能靠自己的艰苦奋斗。"

李乐乐结合所见所闻说："我时常看到家乡一些相对贫困的农民在国家精准脱贫的政策下，利用惠农补贴及相关政策实现了收入增长，从而实现脱贫。危房改造、'村村通'公路、合作医疗……这些都是实实在在的惠民措施。全面脱贫，全面建成小康社会，这在中国历史上是从来没有过的，用事实证明了中国共产党始终代表着最广大的人民群众的利益，见证了中国共产党为中国人民谋幸福，为中华民族谋复兴的初心与使命。"

（资料来源：WHU 计科先锋微信公众号，2020年12月11日）

案例二：人居学院①硕 9152 党支部赴陕西
历史博物馆开展主题党日活动

十九届中央纪委四次全会上，习近平总书记对以全面从严治党新成效推进国家治理体系和治理能力现代化作出战略部署。为学习贯彻习近平总书记关于弘扬中华优秀传统文化重要论述，加强党纪法规、科学道德与学术诚信教育，涵养新时代党员政治品格，2020 年 12 月 15 日，人居学院硕 9152 党支部全体党员及入党积极分子代表前往陕西历史博物馆参观"秦风颂廉——陕西廉政文物展"，开展"党性教育守初心，共话廉洁受洗礼"主题党日+现场教学活动。

专题展览由陕西省纪委监委、陕西省文物局联合主办，陕西历史博物馆承办，以陕西省内 29 家文博单位收藏的百余件与廉政文化有

---

① 指的是西安交通大学人居学院。

关的文物和大量辅助资料为载体，旨在贯彻落实习近平总书记弘扬延安精神、净化政治生态指示精神。

跟随着讲解员的讲解，大家依次参观了"为人端正""处世唯清""立身以廉""在官唯明""治国礼法""传世清风"6个主题章节，仔细聆听、诵读警示教育名句，并不时对精彩部分拍照留存。"为人端正"讲述个人修养讲求内外兼修，内心摒除私欲，外在勤奋学习，追求真理正道。"处世唯清"诠释了"修身齐家治国平天下"的思想理念，是古圣先贤智慧的凝练与总结，是人们处世的心理依据和精神支柱。"立身以廉"阐明清廉是官员必备的政治品德，以廉为本，在实践中要明是非、立高行、拒腐防变。"在官唯明"说明为政者只有做到公正无私才能获得民心、树立威信，从而建立良好的社会秩序。"治国礼法"表明以礼治国既能发挥法律功能，又能发挥礼仪和道德的教化作用，体现了中国法律文化的特色，彰显了传统社会治理的特有智慧。"传世清风"论述应以崇尚廉洁反对贪腐为价值取向，内在修身养性，外在齐家治国。

透过碑刻、牌匾、青铜器、书画等一系列珍贵文物蕴含和承载的廉政制度、典型事例、生动故事，揭示了三秦大地独特而深厚的廉政文化底蕴，以及廉政文化带给人们和社会的思考和影响。其中，何尊、四十三年逨鼎、1号铜禁等均展现出中国古人治国理政的政治智慧；西安碑林博物馆藏《孔子庙堂碑》《朱子家训》《官箴碑》等碑刻以拓本形式在此展出，其所映射出的文化内涵同样令人印象深刻。

在刚刚落幕的全国高校博物馆优秀讲解案例展示活动中，支部党员张丹丹、柴冠坤代表学校参赛并斩获佳绩。参观结束后，柴冠坤与对方讲解员就素质提升和讲解技巧进行了深入沟通交流。她表示，优秀的讲解团队能够凸显博物馆自身的魅力。作为一名交大博物馆的学生讲解员和预备党员，要充分认识到自重、自省、自警、自励的重要性，以实际行动做好党的宣传思想文化工作。

支部组织委员戈舒纬带领大家重温了《人民日报》评论员文章《坚持以伟大自我革命引领伟大社会革命》。她表示，系统梳理党史会发现，从八七会议、遵义会议到党的十一届三中全会和十八大、十九大；从古田会议、延安整风到党的"群众路线""三严三实"系列教育活动和"以人民为中心"的发展思想……一直以来，勇于自我革命，是我们党最鲜明的品格，也是我们党最大的优势。新时代，唯有一以贯之坚定不移继续推进全面从严治党，才能真正开启党治国理政新局面。

新发展党员代表牛波表示，溯古及今，激浊扬清一直是各个时代的正能量和主旋律，本次参观既开阔了眼界，增长了知识，同时又是一堂生动的党课，敲醒了廉洁自律的警钟，有助于筑牢拒腐防变的思想防线。作为交大学子，无论在科研上还是生活中，要时刻保持平和质朴的心态，扬浩然正气、树清廉风尚，将"知敬畏，明戒惧，守底线"的政治定力和行为规矩化作积极作为、主动作为、有效作为的不竭动力，影响带动周边同学群众，永葆共产党员本色。

以史为鉴，知往鉴今；行有所戒，心有所指。通过现场参观学习，加强党性锻炼，提高党性修养，大家深受教育，备受启发，使清正廉洁的价值理念深入人心，是党员教育环节中具有思想奠基意义的重要一步，也为今后的学习和工作指明了方向，提供坚强纪律保障。大家纷纷表示，要自觉树牢"四个意识"，坚定"四个自信"，做到"两个维护"，刨除杂念、净化思想，延续先贤们清廉自守的本心，营造积极向上的干事创业氛围，扎实做好本职工作，为推进清风校园建设和优良学风建设贡献力量。

（资料来源：西安交大新闻网，2020 年 12 月 17 日）

案例四：不忘政治生日，牢记党员使命

——服装学院①党委纺织工程教师党支部主题党日
为支部党员过政治生日

根据校党委组织部关于《推进党员同志过政治生日的意见》，在服装学院党委指导下，2019 年 4 月 19 日，纺织工程党支部主题党日，恰逢支部成员入党 31 周年纪念日，纺织工程党支部围绕"五个一"开展了"不忘政治生日，牢记党员使命"的主题党日活动。通过"讲述一个入党故事""送上一张生日贺卡""献上一本学习读物""重温一段铮铮誓言""畅谈一次体会感悟"的形式为 3 位 4、5 月份入党的党员教师和 3 位即将离开"娘家"的党员同学举办了一场集体政治生日仪式。

共忆当年，不忘初心

作为纺织工程党支部第一位过政治生日的"寿星"，身兼系副主任、学院工会主席及党委委员等多重身份的王黎明老师激动的心情溢于言表："没想到这么巧，虽然我自己的生日就在 3 天后，但这么多年来还是第一次正式过政治生日，它不仅是一个特殊的仪式，更是一次心灵的洗礼，使我回想起学生时期萌生的入党愿望在工程大学开花结果的整个过程，让我深感身为一名党员干部肩负的责任和使命，我将继续发挥好老教师传、帮、带的作用，做好教书育人、立德树人的工作、全心全意为教职工服务。"

1985 年 5 月在工程大学纺织工程系党支部光荣入党的潘劲老师

---

① 指的是上海工程技术大学服装学院。

是目前支部党龄最长的老党员，回首往昔，他仍能将在时任党支部书记王惠明同志的带领下每周二认真学习中央各类文件精神并积极参加每月一考的点点滴滴娓娓道来。作为纺材实验室的主要创建者，他讲述的工作经历承载着纺织工程系的历史变迁，让在场的党员师生真切感受到了老一辈党员的艰苦奋斗与无私奉献的精神。一个月后就将光荣退休的他表示一定让"为民服务"的这颗初心在退休教工党支部生根发芽。

纺织工程党支部的第一位博士青年教师刘茜感叹虽然进校十多年，曾经有收到过党委组织部寄来的政治生日贺卡，但今天这场有仪式感的政治生日让她更加深切地感受到了党员的归属感和荣誉感。16年前就在党旗下宣誓立志成为一名人民教师的她始终坚持发扬党员不怕苦、不怕累的精神，承担了许多学院的日常管理工作，作为教学团队秘书及党支部宣传委员，她表示今后要更好地发挥党员的先锋模范作用，立足本职岗位当标杆、作贡献。

感恩组织，使命在心

三位学生党员中入党最早的李榕诚同学即将迎来她的两周岁政治生日，身为班长的她坦言和党员老师们一起过政治生日让她感到组织对她深深的关怀，这种仪式感也在提醒她是党的谆谆教诲强化了她讲党性、重品行、做表率的意识，在学习上拿得出，在关键时站得出。今后她将始终把个人理想融入民族复兴伟大理想，脚踏实地、锐意进取、为祖国建设添砖加瓦。

即将去武汉纺织大学深造的王凯同学衷心地感谢党组织的关心和鼓励，正是在志同道合的优秀党员的带领下并非学霸的他才顺利考上了研究生。今天这场极具温度的政治生日，也将引领他坚定理想信念、练就过硬本领，成为社会建设发展的栋梁。

还是预备党员的管毅凡同学说，能在离开校园前提前过人生的第一个政治生日感到非常光荣和激动，她将永远铭记党赋予的第二个生日，在之后远赴英国求学的新征程中，牢记党的宗旨，用"中国梦"激扬"青春梦"，为民族复兴不懈奋斗。

责任在肩，砥砺前行

"政治生日"是共产党人的信仰名片，从党员被党支部通过其为预备党员的那一天起，每名党员便开始拥有自己专属的政治生日。在人生这个需要被铭记的重要时刻，举行一场庄重的纪念仪式，不仅让过生日的党员感受到了来自党这个大家庭的关爱与温暖，增强了党员的归属感、自豪感，也提醒所有在场的党员不忘初心，践行党的宗旨，履行党员职责，永葆党员的纯洁性和先进性。在服装学院党委委员王黎明的带领下，重温入党誓词。

党支部书记许颖琦在总结生日寄语时说道："岁月长河倏忽一瞬，希望曾经的一个仪式、曾经的一段宣誓，能成政治生日中最珍贵的礼物，成为今生岁月中最执着的信仰，指引每位共产党人奋斗不息、追梦不止。党员，不仅是一种荣誉，更是一项使命，一个责任，一份担当，一面旗帜。"

最后，服装学院党委袁蓉书记指出，要充分认识党员政治生日活动的重要意义，将党员政治生日作为一项制度延续下去，将党员政治生日作为增强党性锻炼的"加油站"、加强党员管理的"试金石"，创新方式方法，不断丰富党员政治生日礼的内涵，让党员师生们在党组织的温暖关怀中时刻警醒自己不忘初心、永葆本色！

（资料来源：工程大纺织服装学院党委微信公众号，2019 年 4 月 30 日）

案例五：华东政法大学经济法学院教工第一党支部 开展主题党日活动

华东政法大学经济法学院教工第一党支部自 2007 年成立以来，始终秉持"教育、监督、管理党员，组织、服务、凝聚师生"的原则，在上级党委的领导下开展各项活动，形成了一支政治过硬、专业扎实的队伍。目前共有党员 17 名，均为正式党员。其中教授 3 名，副教授 9 名，讲师 5 名，支部书记为任超教授。在长期的建设过程中，支部取得了丰硕的成绩。

本支部于 2019 年入选教育部新时代高校党建示范样板党支部。在全国样板党支部的建设过程中，支部不仅做好内部建设，还积极服务社会经济发展，以支部成员的专业优势服务广大社会主体。

2019 年 5 月 31 日，经济法学院教工一支部与上海振华重工长兴基地机关六支部、长兴分公司党委在上海振华重工长兴基地举行了"新时代国有企业建设中的法治保障"主题党日活动暨支部共建仪式。活动由教工一支部书记任超教授和上海振华重工纪委办公室副经理傅勇平共同主持。经济法学院党委副书记黄莉、副院长伍坚、振华港机集团党委副书记（主持工作）李义明以及经济法学院教工一支部的全体成员共同出席了此次活动。

在活动的开始，傅勇平首先代表振华重工欢迎教工一支部各位老师的到来，并介绍了集团的发展历程和基本生产经营情况。重点对振华重工的纪检监察工作进行详尽的介绍，指出在开展日常纪检监察工作的过程中，也遇到了诸多问题需要从法学理论层面予以解答。随后任超教授也简要介绍了教工一支部的基本情况，分享了创建全国样板党支部过程中所积累的经验。

在活动的第二个环节，双方就国有企业纪检监察中的法治保障问题进行了更加深入的交流。交流主要围绕振华重工在企业运行过程中的若干实际需求展开。第一，支部书记任超教授从《公司法》的角度就上市公司经营、决策过程中党组织作用的发挥方式进行了讲解；第二，支部杨勤法老师就国有企业招投标中的法律风险进行提示，并作出合规方面的对策建议；第三，支部李慈强老师就国有企业合同法律风险防范问题进行介绍，明确指出企业合同签订方面的几个风险点，并分享了风险化解的方法；第四，经济法学院副院长伍坚教授就国有企业法务合规团队建设与人才培养问题发言，结合最新案例和法规政策明确了国有企业合规体系建设的重要性，并表示愿意在合规体系建设上给予振华重工以智力、人力支持。随后，两个支部在双方单位领导的见证下签订了支部共建协议。

在活动的第三个环节，支部成员在李义明副书记的带领下观看了振华重工的纪录片，并参观了振华重工长兴基地，从巍峨的塔吊到繁忙的港口，再到工地上一个个忙碌的背影，同志们切实感受到了"国之重器"的魅力，体悟到了"撸起袖子加油干"的火热动力。

此次主题党日活动具有着很强的实践意义。第一，活动让高校教师们能够走出"书斋"，以实地观摩的方式感受我国经济社会发展的新成就、新进步，也对我国产业发展有了具象的认识，为日后的相关课程讲授积累了生动的现实案例；第二，活动让两个"先进支部"之间碰撞出火花，正所谓"它山之石可以攻玉"，在相互的交流中，对方支部在组织建设、思想教育等方面的诸多经验都值得我们学习借鉴；第三，教工支部充分发挥了自身的智力优势，为国有企业的发展改革建言献策，切切实实地践行了习近平总书记"把论文写在祖国大地上"的号召，企业在座谈中所提出来急需解决的问题，使我们切切实实地感受到新时代改革开放和社会主义现代化建设的丰富实践是理论和法治研究的"富矿"。理论指导实践，实践又反哺理论，这是唯物主义辩证法最基本的方法论与世界观。此次党日活动，也必将为我们日后的理论研究提供丰富的素材，指引明确的方向。在双方共建协议签订后，还将开展一系列的交流合作活动，深入开展校企合作，打造教师知识奉献、学生参观见习、企业理论汲取的良好平台。

（资料来源：华东政法大学经济法学院教工第一党支部，2021 年 1 月 31 日）

案例六：重温经典，与时代同行

——管理科学系①教师党支部与博士生第一党支部党日活动

2018 年 5 月 4 日下午，中山大学管理学院院管理科学系教师党支部与博士生第一党支部联合开展了党日活动，王帆院长和谢康教授作为演讲嘉宾，为党员同志们带来了一场别开生面的党课。

活动伊始，管理科学系党支部书记肖静华教授开宗明义阐述了活动目的。恰逢五四青年节和马克思诞辰两百周年，党支部同志们齐聚一堂，从学术的角度去理解和阅读马克思主义的系列著作，也结合学校发展实际，进一步学习理解中山大学春季工作会议的会议精神。博士生第一党支部徐世长老师介绍了支部上午学习习近平总书记在纪念马克思诞辰两百周年大会上的讲话的情况。

王帆院长就罗俊校长在春季工作会议上的讲话内容要点，结合他自身的学习体会，为党支部同志作了解读。王院长从中山大学发展新时期、新时期加快内涵发展的思考以及开创新局面的机遇三个方面解析了春季工作会议内容，提出在中山大学发展新时期之际，管理学院

---

① 指的是中山大学管理学院管理科学系。

也迎来了新的机遇，"一带一路"战略、"粤港澳大湾区战略"等都是中山大学管院要牢牢把握的机会。与此同时，双一流建设竞争日趋激烈，在上一次学科评估中我院工商管理学科被评为 A+学科，这既是对以往工作的肯定，也是对未来学科的发展提出了更高的要求。王院长强调，管理学院要把握新机遇、迎接新挑战、开创新局面。王院长提到罗校长的发言中对他自己、学校的教师和管理干部、青年学习都提出了行事的准则：作为校长要尽最大的努力守护大学的精神，守护制度规则，守护大多数人的利益；作为教师管理干部要更有责任感、更有担当；作为青年学子要更有使命感、更有志向。

谢康教授则从学者的眼光和视角来解读《共产党宣言》，给党员同志们带来了新的思路和启发。谢教授首先从学术的角度解读《共产党宣言》，提出《共产党宣言》不仅仅是社会实践的指导，本身也是一部优秀的学术著作。随后，谢教授从学者做学问的角度提出勤奋、机遇和选择都是做好学术的重要因素，个人要将自己的研究与外部的国家经济环境、战略需求以及学校发展的要求相结合。而马克思恩格斯当年的著作，就是在个人勤奋的基础上，把握住了那个时代风口浪尖上的研究机遇。在马克思诞辰二百周年的纪念活动中，习近平总书记提到马克思主义的中国化与时代化，这就说明马克思主义发展到今天，也需要中国情境、时代情境去进一步发展它。最后谢康教授也对大家提出了期许，希望大家能够重读马克思主义经典著作，去真正理解马克思主义的社会化实践，要在国家、时代的发展过程中去拓展自己的研究情境，将自己的研究融入到历史发展的进程中。

王帆院长和谢康教授的精彩演讲赢得了党支部同志们的阵阵掌声。演讲结束后，王帆院长和谢康教授还就"个人科研过程中时间的分配问题"，"博士毕业之后未来就业选择是去大平台还是小平台"等博士生关心的问题，与博士生第一党支部的同学进行了深入的交流。最后两位教授勉励博士生党支部的青年学生，要将个人发展的均衡与时代发展的均衡相结合，在时代的发展中实现个人的理想。

（资料来源：中山大学管理学院微信公众号，2018年5月7日）

案例七：学"四史"明志·守"初心"铸魂
——校团委①党支部赴延安开展学"四史"主题党日活动

为深入学习贯彻习近平总书记来陕考察重要讲话精神和习近平总书记关于学习"四史"的重要论述，用延安精神滋养初心、培根铸魂，进一步加强样板支部培育建设，机关党委团委党支部一行10人在支部书记张永的带领下，于2020年7月19日至20日，前往延安开展"学'四史'明志·守'初心'铸魂"主题党日活动。

7月19日中午，支部全体党员前往南泥湾革命旧址学习体验。在南泥湾党徽广场，全体党员重温入党誓词。在南泥湾大生产展馆，大家聆听了八路军第三五九旅把一个荒无人烟的南泥湾，变成到处是庄稼、遍地是牛羊的"陕北好江南"的生动事迹；在南泥湾炮校旧址，大家了解到延安炮兵学校在艰苦的环境中为党培养了大量军事人才，为新中国炮兵事业的发展奠定了坚实基础。通过实地学习，全体党员深刻体会到了自力更生、艰苦奋斗的南泥湾精神。

7月19日下午，全体党员前往凤凰山革命旧址学习体验，聆听了中国延安干部学院王健副教授的现场教学《白求恩与白求恩精神》。王健回顾了白求恩为中国革命事业无私奉献的光辉历史；以经典《纪念白求恩》为切入，阐述了白求恩精神的思想内涵、如何践

---

① 指的是长安大学机关党委团委。

全体党员在党徽广场重温入党誓词

行白求恩精神等问题；现场教学主题鲜明、史料丰富、生动鲜活、催
人泪下，白求恩坚定的理想信念、毫不利己专门利人的高尚品格和精
益求精的精神品质深深感染了全体党员。在中共六届六中全会旧址
（鲁艺旧址），中国延安干部学院杨延虎教授为全体党员作了《延安
精神及其时代价值》的专题报告。他从延安精神的发祥地、延安精
神是走向共和国的精神支柱、弘扬延安精神是共产党人的庄严责任三
个方面阐述了延安精神的科学内涵、灵魂精髓、核心特征、时代意义
以及新时代如何弘扬延安精神。杨延虎教授的专题报告既是一堂生动
的党史教育课，更是一堂深刻的党性教育课，引起了大家的广泛
共鸣。

7月20日上午，全体成党员前往鲁艺文化园区学习体验。在鲁
艺旧址，通过大量生动的图片史料，大家认识到由于党中央的正确领
导，延安时期的文艺工作呈现出了一派生机勃勃的气象。在冼星海旧
居，通过薛健老师的现场教学《冼星海与黄河大合唱》，全体党员了

解到人民音乐家冼星海用音乐实现救国救民志向的感人事迹和不朽力作《黄河大合唱》的创作背景和过程，并在冼星海旧居前合唱《黄河大合唱》以示纪念缅怀；冼星海刚毅坚韧、自强不息、志存高远、求真务实的精神深深感染了每位党员。随后，全体党员观看了大型红色主题演出红秀《延安　延安》，该剧通过再现红军长征、红二十六军战斗、大生产运动、日军轰炸、东渡黄河等历史事件，反映了救亡青年共赴国难的家国情怀，让大家在沉浸式体验中，深切感受到了延安精神所蕴含的巨大精神力量。

7月20日下午，全体党员前往首批"全国党建工作样板支部"创建单位——延安大学政法学院教工党支部调研学习。学院党委书记李红金、团委书记张元介绍和分享了样板支部的工作基础、创建过程、理念举措、典型经验、验收情况、达成效果等情况。张永介绍了此行调研学习的主要目的，感谢政法学院的大力支持；与会人员就样板支部建设中的特色凝练、制度建设等问题进行了深入交流探讨。

其间，张永希望支部全体党员通过学习体验，深刻领会延安精神的内涵实质，深刻感悟学习"四史"的重大意义，进而坚定理想信念、厚植家国情怀，锤炼优良作风、提升工作本领，不忘跟党初心、勇担时代使命，在学校推进"双一流"建设和培养担当民族复兴大任时代新人的征程中贡献共青团的智慧和力量。大家纷纷表示，通过本次党日活动，更加深刻了解了延安精神和党中央在延安的伟大历史，今后要在学习工作中进一步弘扬践行延安精神，聚焦主责主业，深化改革攻坚，切实提升学校共青团的组织力、引领力和服务力。

（资料来源：长安大学团委微信公众号，2020年7月22日）

案例八：精诚书院①学生第一党支部开展
"抗击疫情、党员先行"线上
主题党日活动

在新冠肺炎疫情防控阻击战中，为响应习近平总书记向全党发出的号召"让党旗在防控疫情斗争第一线高高飘扬"，进一步强化我校各级党组织战斗堡垒作用和党员先锋模范作用，2020年3月31日，新乡医学院三全学院精诚书院学生第一党支部开展"抗击疫情、党员先行"线上主题党日活动，活动由支部书记张阳主持，党支部师生党员参加了本次活动。

活动开始，党支部书记张阳分享了护士奶奶陈东写给战疫前线的医护人员的一封信，信中这样写道："我是一名共产党员，退休护士。需要我的时候，我将义无反顾。特殊时期的病房是没有家属和护工的，除了打针、输液，病人的所有护理都要由护士负责，尤其对在重症监护室的病人来说，医护人员是他们全部的依赖。"跨越17年，让我们感动的是老人不变的初心，和年轻护士们接续的传承，如今"90后""00后"已成长为抗击疫情的中坚力量，不怕苦、不怕牺牲，奋战在疫情一线。

紧接着，张阳带领各位党员学习习近平总书记关于抗击疫情的重要指示精神以及中央、省委、学校关于疫情防控工作的重要部署，表示要坚决贯彻落实习近平总书记重要讲话精神，把疫情防控作为当前最重要的任务来完成、最紧迫的工作来抓紧、最实际的考验来接受，坚定信心、同舟共济、科学防治、精准施策，切实把习近平总书记的

---

① 指的是河南民办高校新乡医学院三全学院精诚书院。

重要讲话精神落到实处。

张阳还分享了"勇担责任，抗击疫情的三全学子"——郝莺歌的事例。战"疫"面前，决然退票，投身抗"疫"阻击战中，每天处理上万个样本，穿着厚重的防护服在全封闭的实验室中一待就是六个小时。还有"八方寻口罩，定点免费发，温暖众人心"——张艺凡同学、"唯一医学大学生用专业与行动践行医学生使命"——申俊龙等等在抗击疫情工作中涌现出的模范人物和英雄事迹。正是每一个人的共同努力，让我们看到了胜利的曙光，同时再次激励全体党员同志继续发挥先锋模范作用，勇挑重担，坚持到底，坚决打赢防疫阻击战。

活动最后，张阳组织曾在社区积极参加过志愿服务的党员代表交流心得体会。其中，马沐静同志在疫情发生后主动报名参加了台前县志愿服务队，每天从早到晚跟着志愿队进行人员排查、测量体温等工作。工作看似简单，但是却要精确到每家每户，并整理成数据。马沐静说："感谢奋战在前线的每一个医生，感谢现在还坚守在自己岗位的每一个人，希望大家都能好好保护自己，在祖国和人民需要的时刻，党员从不会缺席，相信在党中央的坚强领导下，在人民的共同努力下，一定能向抗击非典那样打赢这场疫情防控阻击战。"

听完马沐静同志的故事，丰月同志感慨道，在肺炎疫情面前，医护人员舍己为人，只因使命使然，毅然决然冲在战"疫"一线，他们是最美"逆行者"。一个个逆行的背影，一张张奋战的照片，都让我们泪目和动容，而平凡的我们也同样可以凭借绵薄的努力来支持这场战"疫"。相信在不久的明天，我们终将拨开云雾见阳光，赢得这场战"疫"。

支部书记张阳也表示，广大青年用行动证明，新时代的中国青年是好样的，是堪当大任的！为战"疫"胜利贡献了源源不断的力量，充分展现了新时代中国青年的精神风貌，向党和人民交出了合格答卷。

（资料来源：精诚书院微信公众号，2020 年 3 月 31 日）

案例九：传承红色基因　牢记初心使命

——南阳科技职业学院机关支部组织开展主题党日活动

为扎实推进"不忘初心、牢记使命"主题教育活动深入开展，丰富和拓展主题教育方法手段，引导激励广大党员干部坚定理想信念，不忘初心使命，凝聚奋进力量。2019 年 10 月 12 日，根据《学校"不忘初心、牢记使命"主题教育活动实施方案》的安排，南阳科技职业学院机关支部党员干部参观全国爱国主义教育示范基地——桐柏革命纪念馆和桐柏红色廉政文化展馆，接受红色传统教育。

桐柏革命纪念馆位于河南省南阳市桐柏县城南叶家大庄，是全国百家红色旅游经典景区之一、河南省爱国主义教育基地。纪念馆由前国家主席李先念亲笔题写馆名。纪念馆占地 35 亩，主体建筑面积 3013.5 平方米，有 10 个院落，117 间房屋。展馆内的展品以桐柏简明党史线索和著名英烈事迹为主线，收集了桐柏老区第一、二次国内革命战争时期、抗日战争时期、解放战争时期、社会主义革命和建设时期的有关资料、照片、实物等，真实地纪录了革命烈士为谋取人民幸福而抛头颅、洒热血的丰功伟绩，大跨度地反映和展现了桐柏人民坚韧不拔的精神风貌。纪念馆位于桐柏县城南叶家大庄，纪念馆所在地原为本地名绅叶逢雨先生在清嘉庆年间扩建的住宅，依山而建，错落有致，飞檐走角，雕梁画栋，代表当时桐柏典型的建筑风格。叶家在三军会师桐柏后，主动腾出房间作为中共中央中原局、中原军区、中原行署机关的办公场所。

在革命纪念馆里，全体党员同志先后参观了"淮源星火""红旗漫卷""抗日烽火""中原伟业""桐柏霞光"5个专题展厅，系统了解了中共中央中原局、西南军区和桐柏数万将士的奋斗历程，深入聆听了以马尚德、金孚光、张星江等为代表的革命先烈的悲壮事迹，深刻感悟了中国共产党近百年来团结带领全国人民坚守初心使命、不断开拓前行的伟大精神。

随后，大家又参观了革命纪念馆西侧的桐柏红色廉政文化展馆。这是革命纪念馆的姊妹馆，二者自成院落，又浑然一体。展馆采用仿古建筑风格，占地面积356平方米，建筑面积674平方米，分为序厅、正厅和尾厅三个部分。在这里，丰富的廉政警句、廉政文件、廉政绩效和300多位老一辈无产阶级革命家的光辉形象，使在场党员深受感染，纷纷表示这是一次生动形象的廉政教育课，我们要以老一辈革命者作为镜子，以榜样的力量时刻锤炼自身忠诚、干净、担当的政治品格。

通过一天的主题党日教育活动，大家深受感动和启发，深刻明白了今天的美好生活是我们的革命先烈抛头颅、洒热血换来的，充分理解了红色政权是怎么来的、新中国是怎么来的、今天的幸福生活是怎么来的，从而更加坚定了我们要用习近平新时代中国特色社会主义思想武装全党，坚守党员本色的政治立场，要把这种红色革命精神转化为继续前进的不竭动力，通过"守初心，担使命，找差距，抓落实"，促使我们进一步解放思想、改革创新、勇于担当。

（资料来源：南阳科技职业学院党委办公室，2021年2月23日）

第五章　非公有制经济组织党支部
主题党日活动案例

　　非公有制企业是发展社会主义市场经济的重要力量。非公有制企业党组织是党在企业中的战斗堡垒，在企业职工群众中发挥政治核心作用，在企业发展中发挥政治引领作用。非公有制企业的数量和作用决定了非公有制企业党建工作在整个党建工作中越来越重要，必须以更大的工作力度扎扎实实抓好。

　　2012 年，中央办公厅印发的《关于加强和改进非公有制企业党的建设工作的意见（试行）》，规定了非公有制企业党组织的六项主要职责：宣传贯彻党的路线方针政策、团结凝聚职工群众、维护各方合法权益、建设先进企业文化、促进企业健康发展、加强自身建设。十九大通过的《党章》规定："非公有制经济组织中党的基层组织，贯彻党的方针政策，引导和监督企业遵守国家的法律法规，领导工会、共青团等群团组织，团结凝聚职工群众，维护各方的合法权益，促进企业健康发展。" 2018 年，《中国共产党支部条例（试行）》进一步明确非公有制企业党支部的重点任务是："非公有制经济组织中的党支部，引导和监督企业严格遵守国家法律法规，团结凝聚职工群众，依法维护各方合法权益，建设企业先进文化，促进企业健康发展。"从非公有制企业党组织到非公有制企业党支部，功能定位更加精准，为进一步加强非公有制企业党支部建设，做好非公党建工作指明了方向。

非公有制企业面广量大、类型多样，党支部的建设经验相对不足，主要表现为一些非公企业主题党日意识淡薄，不能及时召开主题党日活动；一些非公企业主题党日活动流于形式，主题党日活动缺乏针对性；等等。在实践中，许多非公有制企业针对企业现状，不断将支部建设与自身发展联系起来，密切联系群众，主动关心、热忱服务党员和职工群众，帮助解决实际困难，扎实做好各项工作。本章选取部分非公有制企业党支部主题党日活动的优秀案例，涉及金融、服务、互联网、医药、房地产、制造、零售业等多个领域，期望能够为不同规模和类型的非公有制企业党支部开展主题党日活动提供有益的借鉴和思考，不断增强非公有制企业党建工作的针对性和实效性，从而把广大职工群众紧紧团结在党组织周围。

案例一：抓党建促发展

——合众 e 贷①开展"不忘初心、牢记使命"党日活动

为庆祝建党 98 周年，开展革命传统教育，学习贯彻习近平新时代中国特色社会主义思想和党的十九大精神，在中共深圳市互联网金融行业委员会的指导下，合众 e 贷党支部 20 名党员代表于 2019 年 6 月 28 日前往广州市中共三大会址纪念馆，开展"不忘初心、牢记使命"主题党日活动。

当天下午，合众 e 贷的党员们顶着酷暑高温，满怀热情地前往中共三大会址纪念馆参与活动。活动伊始，全体党员在纪念馆广场进行了重温入党誓词宣誓仪式，面对鲜艳的党旗，党员们举起右手庄严宣读了入党誓词，再次接受党性洗礼，进一步坚定了理想信念，并宣告

---

① 隶属于深圳合众财富金融投资管理有限公司。

对党和人民忠诚的决心。

随后，在纪念馆讲解员的带领下，党员们进入中共三大会址纪念馆进行参观学习，切身感受革命先烈的奋斗历史。据介绍，1923 年 6 月 12 日至 20 日，中国共产党在广州召开第三次全国代表大会，正式决定与国民党合作，为声势浩大的国民革命做好了准备。

党员们认真观看了历史相片和革命文物，仔细阅览历史资料，了解了中共三大召开的历史背景和深远影响，回顾了党在广州经历过的光辉历程。大家纷纷表示，通过这次参观学习，对党的性质、宗旨和使命有了更深入的认识，党员意识得到强化，共产党的精神力量触动心灵。

本次党日活动让党员们以实地教育的形式接受党建文化熏陶，激发了党员的爱党爱国热情，同时丰富了党员文化生活，为进一步深化党建工作打下了良好基础。

合众 e 贷的党员们均认为此行收获颇丰，大家都深切感受到共产党人的初心和使命，增强了自身责任心，党建活动也彰显出合众 e 贷合规经营精神。在党建的引领下，合众 e 贷切实提高全员的合规意识，并将合规操作贯彻到实际工作中，加大问责力度，在加强平台合规经营上取得良好成效。

作为深圳市互联网金融行业党支部的公司之一，合众 e 贷党支部于 2018 年 8 月成立，这支年轻的党支部充满激情与活力，近一年来充分发挥了党员先锋作用，持续开展丰富多彩的党建活动，将党建贯穿于平台经营全过程，有力推动了党建与企业各项工作相融合。

合众 e 贷高度重视党建工作，坚持用党的理论创新成果指导工作，将党建工作根植于金融服务的实践中，发挥了党组织的凝聚力，不断创新工作思路和方法，狠抓责任落实，优化公司治理，以党建促进平台健康发展；合众 e 贷不断加强党员思想教育，树立正确的价值观，让每一名党员都积极参与党组织活动，并激发起积极性和主动

区域 2019 年"安全生产月"活动的第一步，后期武汉区域将会通过医疗常识培训、安全隐患排查、优秀项目观摩等一系列动作，不断夯实安全管理基础，筑起坚实的安全防火墙。

活动中，由安全健康教育中心的老师进行了急救及防暑常识培训及现场演示，参会工友反响积极。随后，全体参会领导与工友代表一起郑重签署了武汉区域安全管理承诺，并向工友们发放了慰问物资。

本次活动作为光谷中心城综合党委与碧桂园武汉区域党支部联合开展的一次主题党日活动，以更加贴近一线、深入基层的形式关爱城市建造者，充分发挥党组织团结和凝聚广大工友的重要作用，形成服务城市建设的强大合力。同时，组织双方党员携手开展共建活动，联合激发党员活力，将党组织的关怀送达一线建设者，既是解决一线建设者最关心、最直接、最现实利益问题的务实之举，又是深入践行社会主义核心价值观、推动武汉文明城市建设的生动实践，具有非常重要的社会意义。

2019 年以来，碧桂园武汉区域积极响应政府和集团号召，通过一系列管理动作将安全教育与工友关怀常态化，有效提升了项目安全生产管理水平。后期，碧桂园武汉区域将会坚持多级管控持续强化工地现场安全，共同营造健康、和谐的工作氛围。

（资料来源：网易新闻，2019 年 6 月 14 日）

案例四：大红门集团①党支部联合东大街道办事处 机关党支部举行 11 月"主题党日+"活动

2018 年 11 月 8 日，陕西大红门集团党支部、东大街道办事处机

---

① 指的是陕西大红门投资有限公司。

关党支部联合举行 11 月"主题党日+"活动，本次活动的主题为"党企共建聚合力，建言献策促发展"。东大办事处主任李卫东、党委副书记王原俊、办事处纪委书记郑发军、办事处机关党支部书记周建军、办事处副主任徐永军、北大街社区党总支书记王梨英及东大办事处机关支部全体党员参加了活动。大红门集团党支部书记、董事长陈岳明、集团党支部副书记、董事长助理蹇福生、支部委员及全体党员共 40 余人参加主题党日+活动、集团总经理杜冰峰作为发展对象列席活动，办事处机关党支部书记周建军主持会议。

上午 8 时，东大办事处机关支部参会党员参观陕西大红门集团党支部标准化建设，参会人员对大红门集团注重企业文化，加强党建引领的做法给予了充分肯定。

会上，东大办事处党委副书记王原俊带领全体参会党员重温了入党誓词，向党宣誓。

党员发展对象交流汇报思想工作情况。党员发展对象、大红门集团总经理杜冰峰同志在汇报中讲道：作为一名企业高层管理者，要坚定的沿着党指导的路线前进，严格用党员的标准要求自己，不断用优秀共产党员的先进事迹鞭策自己，此外，充分发挥党员坚持学习、密切联系群众，以及切实开展批评与自我批评等优良作风和品质，争取早日成为一名合格的中国共产党党员。

大红门集团党支部书记陈岳明交流了党支部"三抓三促四融合"党建做法。他强调：一要抓队伍建设，促进凝心聚能。二要抓机制创新，促进企业发展。三要抓民生实事，促进社会和谐。四要把党建与企业融合发展，建设"四有"党支部。把党的建设融入决策、融入企业文化、融入绩效管理、融入社会担当，共同为党的事业而奋斗。

活动中，办事处党委副书记王原俊、办事处副主任徐永军分别领学了关于非公党组织标准化建设、十九大关于加强非公党建等文件。王原俊指出，非公党组织标准化建设，是认真贯彻落实习近平总书记全面从严治党要求、解决非公党建突出问题、提升党建科学化水平的重要举措。我们要共同积极探索非公党组织标准化建设，促进非公有制企业创造更多经济效益和社会效益，为地方经济社会发展作出积极贡献。徐永军强调要自觉贯彻落实习近平新时代中国特色社会主义思想，做好非公企业党建工作，把党对非公企业的领导落到实处。

办事处纪委书记郑发军在领学新修订的《中国共产党纪律处分条例》后强调，要严格依照纪律和法律的尺度，把执纪和执法贯通起来，坚持不懈、持之以恒全面落实从严治党各项工作任务，增强党的先进性、纯洁性和提升非公党组织的凝聚力、战斗力。

最后，办事处党委副书记、主任李卫东对活动进行总结时强调：非公企业中的党组织是党的基层组织的重要组成部分，是职工群众的政治核心。党组织要在支持和保证非公企业发展，监督企业依法经营，维护员工合法权益，宣传贯彻落实党的路线、方针、政策方面发挥自己的作用。

他指出：非公企业党组织要把搞好生产经营、促进企业健康发展作为开展党的活动出发点和落脚点，号召党员干部和全体职工积极投身于企业的经营和发展中，扩大党在非公企业中的号召力和影响力。使党组织在非公企业当中的作用得到充分发挥。

为了让每个党员始终牢记自己的共产党员身份，做到对党忠诚。东大办事处主任李卫东、党委副书记王原俊、办事处副主任徐永军、大红门集团党支部书记陈岳明代表组织为5名党员过"政治生日"，并向他们赠送了《习近平新时代中国特色社会主义思想三十讲》一书及贺卡作为生日礼物。

（资料来源：汉中市浙江商会微信公众号，2018年11月9日）

案例五："炎炎夏日环卫工·丝丝酷爽党群情"

——河南一百度集团①党支部开展主题党日活动

党的十九大报告明确提出要在幼有所育、学有所教、劳有所得、病有所医、老有所养、住有所居、弱有所扶上不断取得新进展。民生连着民心，民心连着党心。

可是有这么一群人，不管严寒酷暑刮风下雨，永远在街头工作着，为这座城市的清洁和美丽无怨无悔地辛苦付出。他们用一把扫帚扫出了城市的文明；用一个簸箕端出了城市的整洁；用行动在清晨奏响城市的音符。他们就是城市的美容师——城市的环卫工人。

为了响应新时代的号召，为了慰问这些可敬可爱的城市美容师，7月20日上午，河南一百度集团党支部联合城东路街道未来花园社区党支部、郑州市管城回族区信望爱社工服务中心为辖区50余名环卫工人开展了"炎炎夏日环卫工·丝丝酷爽党群情"主题党日活动。

河南一百度集团总经理武瑞霞、副总经理季成亲切慰问了环卫工人并送上了自发捐资购买的冰镇西瓜、矿泉水等防暑降温食品；信望爱社工组织捐赠了50份爱心礼包，为环卫工人献上夏日关怀。

城东路街道办事处工会主席武建芝、未来花园社区党支部书记楚征、城东路街道办事处环卫所所长王雪易与环卫工人们亲切沟通交流，环卫工人们热情地分享了自己工作上生活中的"小确幸"②，烈日炎炎，党民一家亲的浓浓情意萦绕在大家心中。

---

① 指的是河南一百度科技有限公司，现更名为河南增长力企业服务集团有限公司。
② 小确幸，网络用语，意思是心中隐约期待的小事刚刚好发生在自己身上的那种微小而确实的幸福与满足。

　　一百度集团总经理武瑞霞向工会主席武建芝、党支部书记楚征感慨道："通过主题党日的活动，大家更深入地了解了环卫工人的不易，我们互联网企业的员工平时坐在办公室，很少顶着酷暑工作，这次联合活动，具有特别的教育指导意义。我们一定不忘初心、牢记使命，不管身处什么岗位，都要做好创新服务工作！"

　　据了解，此次联合街道办事处只是河南一百度集团党支部的第一步，今后，集团还将开展一系列的主题党日活动，增强集团党支部与弱势群体的互动与联系，实现集团与社区、社工的爱心链接，继承和发扬党优良作风，牢记党赋予我们的神圣使命，为科技创新、中原互联网发展贡献力量！

　　（资料来源：一百度科技微信公众号，2018 年 7 月 20 日）

案例六：忆党史　感党恩　强党性

——北京太阳福临商贸有限责任公司党支部主题党日活动

　　2019 年是中国共产党建党 98 周年，为了充分认识开展"不忘初心、牢记使命"主题教育的重大意义，2019 年 10 月 29 日，北下关街道非公企业第三联合党总支下辖北京太阳福临商贸有限责任公司党支部，组织党员、积极分子及职工走进歌曲《没有共产党就没有新中国》的诞生地——房山区霞云岭乡堂上村，在红色印记中寻初心。

　　为了使党建知识深入人心，乘车途中，北京太阳福临商贸有限责任公司的焦总经理在大巴车上展开了一场小型"应知应会"抢答赛，大家反应敏捷，争先恐后答题，现场气氛热烈，轻松愉快，不知不觉中已来到了大山深处的堂上村。

大家首先看到的是一副 960 平方米的巨大党旗，寓意着全国人民心向党。在北京太阳福临商贸有限责任公司的老党员焦总经理的带领下，全体党员庄严地举起右手，重温了入党誓词："我志愿加入中国共产党，拥护党的纲领，遵守党的章程……"每一字一句都是对精神的洗礼，大家纷纷表示一定牢记入党誓词，经常加以对照，坚定不移，终生不渝。

霞云岭堂上村被称为"红歌唱响的地方"，76 年前作曲家曹火星在这里写下了经典之作《没有中国共产党就没有新中国》，并传遍全中国。

在"没有共产党就没有新中国"纪念馆，大家一边聆听工作人员的讲解，一边仔细地观看展出的文字、实物和照片，展区详细地展示了歌曲诞生的背景、创作过程、历史影响以及歌曲背后的故事。

这次参观还见到了堂上村老书记李增军同志，大家认真倾听李书记讲述曹火星创作《没有共产党就没有新中国》这首歌的经历，深深地感受到歌曲中抒发的对党的热爱，坚定跟党走的信念。全体人员随着老书记一起再次唱响了这首经典之作。

在曹火星创作这首歌曲的旧址前，北京太阳福临商贸有限责任公司党支部书记于桂英同志向大家诵读了《习近平关于"不忘初心、牢记使命"论述摘编》的篇章节选，并在现场展开了讨论，所有人一致认为，此次主题党日活动是"不忘初心、牢记使命"主题教育的生动一课。

习近平总书记明确指出："祖国的命运和党的命运、社会主义的命运是密不可分的"。通过参观学习，大家深刻的领悟到没有共产党就没有新中国，中国共产党的领导是人民的选择、历史的必然，对于党员也是一份责任，支部党员们表示要继承和发扬革命前辈的优良传统，更好地立足工作岗位，出色地完成好本职工作，起到先锋模范作用，做无愧于人民的共产党员。

（资料来源：智汇金港微信公众号，2019 年 11 月 2 日）

案例七：非公联合党支部①开展"强学习、赛知识、提素质"主题党日活动

金秋十月，枫林尽染，2018 年 10 月 28 日，中关村街道非公企业党组织和盛大厦、盈都大厦、中科大厦、知春大厦、都市网景大厦、科贸电子城、融科资讯中心等 10 个楼宇的党员和入党积极分子 140 余人，在融科资讯中心开展了以"强学习、赛知识、提素质"为主题的党日活动。这次活动无论是在策划、设计、制作、道具、主持及现场布置等方面都进行了缜密的安排和精心的部署。选手们克服了时间紧、任务重的困难，加班加点准备，表现了极高的参与热情。

举右手　宣誓词　铿锵有力

全体党员面向庄严的党旗，重温入党誓词，宣誓是一种形式，更是一种责任，一种使命，一种对信仰的强化，入党誓词带给我们的震撼已远远超过誓词本身这短短的几句话，宣誓就是激励我们在新时代，要有新担当，需要新作为，不忘初心，砥砺前行。

颂改革　畅发展　激情演讲

活动开始后，首先由 7 名党员依次进行演讲。他们演讲的题目是："做一名新时代合格的共产党员""党在我心中""新时代呼吁自

---

① 指的是北京市海淀区中关村街道的非公企业党组织。

我鞭策者""不忘初心，坚定信仰"等，党员们声情并茂的精彩演讲，讴歌了改革开放后中国日新月异的巨大变化，讲述了作为一名党员要在道德上不"滑坡"，政治上不动摇，永葆共产党人的蓬勃朝气、昂扬锐气和浩然正气。演讲带给我们的是一种动力，一种传承，让我们感受一种激情、吸取一种力量，激励我们弘扬主旋律，坚定不移跟党走，圆中华民族复兴梦。

突主题　赛知识　气氛热烈

参加知识竞赛的共有 9 支代表队，分 3 场进行初赛，每场的优胜者再进行决赛。答题内容以党史、党章、十九大精神和改革开放 40 周年为主题，有必答题、抢答题两种类型。主持人每问到一题，参赛者沉着应对、快速思考、认真回答。有思维缜密回答全面的，有心情紧张回答疏漏的，有争先恐后抢答问题的，大家信心满满，有备而答，有序进行。现场掌声、笑声其乐融融。选手们深知：奖项只是一种形式，目的是在答题中学习，在学习中提高。经过 2 轮的激烈比拼，知春大厦荣获第一名，翠宫饭店荣获第二名，和盛大厦荣获第三名，当即评委为选手们颁发荣誉证书。

学知识　强素质　重在参与

这次活动不仅有现场的演讲和知识竞赛，而且在场外设置了每个人都参与的征文和知识答卷，大家既是观众又是选手，做到人人参与。通过这次多内容、多形式的活动，使党员们重温了中国革命和改革开放的历史，增强了民族自豪感、自信心和党员意识，加强了党支部的凝聚力、向心力和战斗力。

（资料来源：中关村党建 e 站微信公众号，2018年 10 月 31 日）

案例八：忆军魂·强党建

——鑫康辰①党支部主题党日活动

红色的八月，是军人的节日。为致敬最可爱的人，学习革命先辈的光荣传统和优良作风，传承红色基因，牢记使命、砥砺前行。鑫康辰党支部于 2020 年 8 月 26 日，组织党员及积极分子开展了"忆军魂·强党建"主题党日活动。

活动开始后，党支部副书记李成龙同志带领大家一起学习了 8 月"时事摘要"。重点学习了习近平总书记对制止餐饮浪费行为的重要指示和授予钟南山等人"共和国勋章""人民英雄"荣誉称号。学习后大家积极交流、讨论，一致认为要积极响应习近平总书记的号召，以身作则并带动家人、亲朋、同事节约粮食，杜绝舌尖上的浪费；对于钟南山院士等人的最高荣誉称号，大家都认为他们是国之栋梁当之无愧。同时，大家也谈到所从事的岗位工作，虽然很平凡、普通，但应该如习近平总书记所说：只要有坚定的理想信念、不懈的奋斗精神，脚踏实地的把每件事做好，一切平凡的人都可以获得不平凡的人生，一切平凡的工作也都可以创作不平凡的成绩。

活动中，大家集体观看了《最美退役军人——钟汉清》的故事。故事记录了钟汉清退役后看到家乡缺医少药的情况，主动放弃到县医疗卫生单位工作的机会，30 多年扎根乡村成为一名乡村医生。他看病疗效好、服务态度好，对低保户、五保户等患者的一般疾病给予免费治疗，对退役军人和其他优抚对象困难户患者减免医药费。退役不褪色，在平凡的岗位上，钟汉清用自己的实际行动，诠释着一名军人

---

① 指的是中共北京鑫康辰医学科技发展有限公司。

艰苦奋斗，勇于奉献的无私精神。

影片结束后，同志们一起畅谈自己心中的军人形象、军人精神。党员刘宝军同志说："军人坚韧的性格、无畏的精神是值得我们学习的，即使在平凡的岗位上，也要保持初心，向着自己的目标不断努力"。入党积极分子田飞同志给大家讲了一个春节期间在天安门广场上值守的武警军人的故事，执勤期间他父母从远方来看他，但因为军队的纪律，却让值守岗位的他都不能当面叫一声"妈妈"，讲到动情时，田飞热泪盈眶，军人舍小家为大家的精神让在场所有人为之动容；还有很多同志也发表了自己对军人精神的看法，服从命令、不抛弃不放弃、为人民服务，等等。最后，党支部书记袁军林做了总结发言，他说军人精神就是英勇、无畏、忠诚、无私、忘我，我们的国家正是因为有了这些军人，才能有现在的国泰民安和繁荣富强。我们应该感谢军人的默默付出和守疆卫国，珍惜现在来之不易的生活！

本次主题活动在同志们的热烈掌声中落下帷幕，通过此次活动开展，同志们受益匪浅，不仅学习了军人身上的优良品德，也更加坚定了要做好一名合格党员的斗志与决心！

（资料来源：海淀区八里庄街道楼宇党建之声微信公众号，2020 年 8 月 31 日）

案例九：不忘初心　砥砺前行
——公共事务党支部①主题党日活动

近日，集团公共事务党支部开展了以"不忘初心　砥砺前行"

———
① 指的是苏宁控股集团公共事务党支部。

为主题的党日活动，支部党员一同走进了梅园新村纪念馆。

进入纪念馆的大门，首先映入眼帘的是周恩来总理的铜像，周恩来铜像位于露天庭院的正面墙前，高 3.2 米，重 900 公斤，神、形兼备，重现了周总理坚定、沉着、机智、从容的革命家形象。

在讲解员的带领下，党员们走进陈列馆。浮雕上镌刻着中共代表团领导成员和部分工作人员的群像，浮雕上的风云图案表明他们都是历史上叱咤风云的历史人物，整个画面成反 S 形，象征着中国共产党人走过的曲折漫长的道路和我党事业后继有人。而浮雕中间那道明显的白色断裂带仿佛向大家诉说着那段腥风血雨的峥嵘岁月。汉白玉浮雕四周陈列着国共两党重庆谈判和南京谈判的文献史料、照片及部分实物资料，再现了以周恩来同志为首的中共代表团在南京同国民党政府进行和平谈判的史实，生动表现了老一辈无产阶级革命家的崇高精神和革命风范。党员们全神贯注地听着讲解，一同回顾着这段历史，感触颇多。

踏着革命先辈的足迹，党员们走进了梅园新村 17、30、35 号楼，这里是中国共产党代表团的办公原址。其中梅园新村 30 号是周恩来和邓颖超的办公和居住地，庭院中栽种的植物与当年一般无二，办公室里有周恩来用过的写字台、转椅、笔砚、地图等物；中共代表团办事处旧址里的文物都按当年原貌陈列、摆放，党员们依稀如见革命先烈们在龙潭虎穴中谈笑风生出入梅园，紧张工作的情景。

通过此次主题党日活动，党员们纷纷表示，此次主题党日感触颇深，一同回顾了真实的革命故事，对那段历史有了更深的认识，对为建立新中国献出生命的革命先辈们更增添了由衷的敬意。"不忘初心，砥砺前行"带着革命先烈的精神，积极投入到自身工作中去。

2018 年，是集团登峰造极的一年，是苏宁人以极客精神，极速创造极物的重要体现。作为集团总部公共事务体系的党员队伍，更要身先士卒。集团公共事务体系作为集团的一个重要职能部门，自组建以来，即以"创造良好外部环境，助力企业发展"为中心，坚持"集团各体系外联工作的统一管理机构、集团最高层外联沟通与协调平台"的基本职能定位，公共事务体系的党员同志们能够充分在集体中发挥先锋模范带头作用，同时在自己生活、工作地参加组织生活、接受群众的监督，更好地发挥基层党组织的战斗堡垒作用，更好地做好对外工作桥梁的搭建，彰显公司形象，助力企业发展！

（资料来源：苏宁党建微信公众号，2018 年 12 月 13 日）

第六章　社会组织党支部主题党日活动案例

　　随着改革开放不断深入，我国社会组织快速发展，已成为社会主义现代化建设的重要力量、党的工作和群众工作的重要阵地。在协调推进全面建设社会主义现代化国家、全面深化改革、全面依法治国、全面从严治党战略布局中，社会组织承担着重要任务和使命。

　　加强社会组织党的建设是坚持和加强党的全面领导，巩固党的执政基础的重要组成部分，也是新时代引导、规范和促进社会组织健康发展的迫切需求。截至 2019 年 12 月 13 日，社会组织基层党组织 14.2 万个，基本实现应建尽建。

　　党的十九大报告明确指出，要在以社会组织为代表的基层组织中，以提升组织力为重点，突出政治功能，加强党的建设，使之成为宣传党的主张、贯彻党的决定的坚强战斗堡垒。社会组织的党建工作在我国基层党组织建设工作中占据越来越重要的地位。受社会组织的发展历程与组织特殊性等客观因素的影响，当前的社会组织党建工作明显落后于其他基层组织党的建设工作。社会组织党建面临党员流动性大、党建机制不顺、党建目标和任务不明确等突出问题，给党组织活动的开展与党员的教育管理带来许多难题。此外，社会组织党组织存在着阵地意识不足、战斗力不强、党内政治生活不严肃以及服务群众与团结群众的政治任务不突出等问题。习近平总书记在 2018 年 7

月全国组织工作会议上指出："社会组织党建工作大多没有真正破题。"社会组织党建已然成为我国基层组织党建工作中最重要的环节，如何攻克社会组织党建这一难题是当下社会组织党建研究的当务之急。

2015 年，中央办公厅印发的《关于加强社会组织党的建设工作的意见（试行）》规定了社会组织党组织的六项基本职责，即保证政治方向、团结凝聚群众、推动事业发展、建设先进文化、服务人才成长、加强自身建设。十九大党章对社会组织党组织的职责定位专门作出规定："社会组织中党的基层组织，宣传和执行党的路线、方针、政策，领导工会、共青团等群团组织，教育管理党员，引领服务群众，推动事业发展。"2018 年 10 月《中国共产党党支部工作条例（试行）》突出社会组织党支部的政治功能，强化其核心职责，将其重点任务规定为："引导和监督社会组织依法执业、诚信从业，教育引导职工群众增强政治认同，引导和支持社会组织有序参与社会治理、提供公共服务、承担社会责任。"这就为进一步有效开展党支部主题党日活动指明了方向。

在实践中，各社会组织党支部高度重视、积极行动，立足本组织实际情况，不断探索创新基层党员干部喜闻乐见的有效办法举措开展主题党日活动，为破解社会组织党建存在的问题提供了有益借鉴。

案例一：湖北省民营经济研究会举办主题党日活动

2020 年 11 月 24 日下午，风吹冬雨飞、天寒人心暖，湖北省民营经济研究会党支部组织部分在汉副会长、分支机构负责人、党员企业家代表以及会员单位要求进步、争取入党的积极分子等共 30 余人，在武汉市东西湖区武汉客厅举办"学习五中全会精神，参观武汉抗疫展览"主题党日活动。

湖北省民营经济研究会党支部书记王根法在主题党日活动上，对习近平总书记《关于〈中共中央关于制定国民经济和社会发展第十四个五年规划和二〇三五年远景目标的建议〉的说明》和党的十九届五中全会公报要点进行了重点解读与宣讲，并号召全省会员单位党组织要认真学习、领会好五中全会精神，积极贯彻、落实到实际工作之中。湖北省民营经济研究会会长徐春林在北京出差途中专门打来电话，强调要把本次主题党日活动办好办实，激励斗志、鼓舞干劲，以实际行动助推全体会员单位在"后疫情时代"攻坚克难，再创佳绩。湖北省民营经济研究会党支部副书记、秘书长张俊国主持主题党日活动，就"人民至上、生命至上，抗击新冠肺炎疫情专题展览"的参观流程及注意事项提出了具体要求。湖北省民营经济研究会常务副会长黄世新、霍才元等参加了本次主题党日活动。

在活动期间，湖北省民营经济研究会党员企业家代表及部分会员单位积极分子等一行有组织有秩序地进入到武汉客厅A馆，以感恩的心态参观"人民至上，生命至上"抗击新冠肺炎疫情专题展览。ICU病房救治场景全息幻影重现，雷神山火神山医院建设现场沙盘还原，1000余件（套）战疫实物立体展示……该抗疫专题展通过图片、文字、视频、实物、模型、互动体验等多种表现形式，辅以互联网+、VD、AR等高科技手段，在6个展区包括18个观众互动区，全方位、立体化和互动式地再现了惊心动魄的武汉抗疫战场，回放了感天动地的难忘历史瞬间，彰显了人民战疫的伟大中国力量。

活动结束时，湖北省民营经济研究会党支部书记王根法现场接受人民网文博视频采访，深有感触地说："武汉抗疫专题展览形式丰富多彩，内容真实生动，展现了武汉战疫、共克时艰的伟大中国精神，体现了人民至上、生命至上的新时代主题，呈现了上下同心、举国行动的制度优势，感人至深，催人奋进。我们为英雄的城市、英雄的人民感到骄傲和自豪！"大家纷纷表示，通过参加本次主题党日活动所见所闻所感，受到了深刻教育，鼓舞了创业斗志，坚定了发展信心。

（资料来源：湖北民营微信公众号，2020 年 11 月 27 日）

案例二：曲靖市爱在珠江源志愿者协会党支部在市社会组织党群服务中心开展主题党日活动

2020 年 4 月 24 日，曲靖市爱在珠江源志愿者协会党支部在曲靖市社会组织党群服务中心开展了以传达贯彻 2020 年度市社会组织党建工作会议精神为主要内容的主题党日活动。这是第一家在这里开展主题党日活动的社会组织。

会议传达了市委"两新"组织工委书记张忠文同志、市社会组织党委书记陈祖平同志、市社会组织党委副书记和建平同志在 2020 年市社会组织党建工作会议上的讲话精神。结合爱在珠江源志愿者协会工作实际，明确党支部在新的一年里党建工作的目标和努力方向。一是要切实把思想和行动统一到上级党委的决策部署上来，深刻理解社会组织党委年度党建工作要求，继续巩固党支部规范化达标创建成果，持之以恒抓好党支部规范化建设，不断提升党支部的组织力、凝聚力、影响力和号召力。二是要充分发挥党支部战斗堡垒作用和党员先锋模范作用。以党的政治建设为统领，强化党组织政治功能，全面加强思想政治建设，加强党员教育管理，不断提升党务工作能力。三是结合协会主业主责积极履行社会责任。以"党建引领，爱在珠源"为主题，围绕助力文明城市创建、脱贫攻坚、社区治理等市委、市政府中心工作，广泛开展主题鲜明、形式多样的邻里互助、健康关怀、人居环境提升等主题志愿服务活动。四是积极探索融入城市基层党建的形式和路径。按照"五联"工作共建机制，在打造共建共治共享的社会治理共同体中主动作为，积极主动参与和实施"先锋引领、三社联动"项目，着力在打造红色物业、小区自治等方面发挥积极作用。

会议对《中共中央关于加强社会组织党的建设的意见》《中国共产党党员教育管理工作条例》有关内容进行了重点学习和解读，要求全体党员在集中学习的基础上，对社会组织党委编印的《党内法规政策学习资料汇编》进行自学，每名党员通过学习，写出学习心得体会上报党小组长，党支部将择机进行点评。

会前，与会党员参观了曲靖市社会组织党群服务中心和社会组织孵化中心，面对鲜红的党旗，重温了入党誓词。曲靖市社会党群服务中心和社会组织孵化中心优美的环境、庄严的政治氛围、先进的视听宣传方式，让每一位来到中心参加主题党日活动的社会组织党员找到了家的感觉、家的温暖。通过这次主题党日活动，极大地提振了大家的精气神，大家纷纷表示，将以饱满的热情投入到各项工作中去。

（资料来源：马樱花开微信公众号，2020 年 4 月 24 日）

案例三：铭记历史　砥砺前行

——部管社会组织①"两学一做"主题党日活动

　　为进一步增强民政部业务主管的社会组织党组织的凝聚力和战斗力，重温革命先烈英雄事迹，激励广大党员同志新时代新作为，2018年10月19日下午，由民政部社会组织服务中心党委主办，海峡两岸婚姻家庭服务中心（协会）联合党支部承办的"铭记历史　砥砺前行"——部管社会组织"两学一做"主题党日活动，在北京西山国家森林公园无名英雄纪念广场举行。民政部社会组织服务中心、海峡两岸婚姻家庭服务中心（协会）、部分民政部业务主管的社会组织党员代表等50余人参加。

　　第一阶段：观看视频，了解历史

　　参加活动的党员集体观看历史纪录片，深切缅怀上世纪50年代为两岸统一事业在台牺牲的无名英雄，深入了解他们不为人知的尘封往事，真切感受他们的坚定信仰和献身精神。

　　第二阶段：铭记历史，缅怀先烈

　　北京西山森林公园无名英雄广场纪念的是1950年牺牲于台湾马场町的英雄。广场石构建筑与群山融为一体，象征英雄托体同山阿，精神永不灭。

　　在庄重肃穆的氛围中，在场党员向革命英雄默哀、鞠躬、敬献鲜花、并重温入党誓词，感受党员的历史使命与责任担当。

　　第三阶段：主题摄影，分享体会

　　党员们以组为单位，开展党日主题随手拍活动，通过一部手

---

　　①　指的是海峡两岸婚姻家庭服务中心（协会）。

机、一个镜头，记录党日活动的庄严时刻，传承无名英雄的伟大精神。

党员们纷纷表示，正是这样一大批无名英雄为了国家、民族的统一，默默地奉献出自己的青春和生命，正是千千万万共产党人用赤胆忠心和坚强意志换来了民族复兴、国家强盛。我们要倍加珍惜今天来之不易的幸福生活，并以这些无名英雄为榜样，争做忠诚、干净、担当的新时代共产党人。

第四阶段：旗帜交接，全体合影

海峡两岸婚姻家庭服务中心（协会）联合党支部将部管社会组织"两学一做"旗帜交接给陈香梅公益基金会党支部。

回望 97 年峥嵘岁月，回首 97 载苦难辉煌，传承是最好的纪念，党日活动让全体党员干部精神上再次接受了深刻的洗礼，铭记历史，砥砺前行，以更加昂扬向上的精神，积极作为，锐意进取，奋勇争先，为推动新时代民政事业发展而努力奋斗。

（资料来源：中国社会组织网，2018 年 10 月 22 日）

案例四：黔南州开发研究促进会开展庆"七一"主题党日活动

2020 年 7 月 14 日，黔南州开发研究促进会党支部到荔波县邓恩铭烈士纪念馆，采取党支部联谊方式，与荔波县开发研究促进会党支部共同开展庆"七一"主题党日活动，重温入党誓词、唱响红色歌曲、缅怀革命先烈，使全体党员同志过了一个特别难忘的主题党日。

温誓词，牢记初心使命

"我志愿加入中国共产党，拥护党的纲领，遵守党的章程，履行党员义务，执行党的决定，严守党的纪律，保守党的秘密，对党忠诚，积极工作，为共产主义奋斗终身，随时准备为党和人民牺牲一切，永不叛党。"

在庄严肃穆的荔波县邓恩铭烈士纪念馆广场，州政协原副主席、州开发研究促进会党支部书记张宪民等 60 名党员同志，在州促进会秘书长夏平的领誓下，面对党旗，高举右手，进行庄严宣誓，重温对党忠诚的誓言，再忆当年入党时的庄严承诺和坚定决心，表达了为党的事业奋斗终身的决心。

唱红歌，抒发爱国情怀

"没有共产党就没有新中国，没有共产党就没有新中国，共产党辛劳为民族，共产党他一心救中国，他指给了人民解放的道路，他领导中国走向光明……"当《没有共产党就没有新中国》《我的祖国》《我和我的祖国》等耳熟能详的经典红歌乐曲响起，参加活动的全体党员同志们一个个饱含深情，唱出了对党的热爱，唱出了基层党组织的活力。

通过一曲曲经典红歌的演唱，与会全体党员同志在热烈激昂的歌声中回忆历史，感悟初心，更加坚定了听党话、跟党走、感党恩的决心，更加激发了广大离退休老同志为党和国家事业增添正能量、余热增辉的激情。

听党课，缅怀革命先烈

"君问归期未有期，回首乡关甚依依。春雷一声震天地，捷报频传是归期。"邓恩铭侄孙女邓庆梅从"漳江少年，初心萌芽；追求真理，建党伟业；对党忠诚，艰苦奋斗；坚定信念，献身革命；继承遗志，砥砺前行"五个方面，为参加活动的全体党员同志讲述了革命先烈邓恩铭的生平和革命事迹，为大家上了一堂生动的党性教育党课。

"通过重温入党誓词、唱响红色歌曲、聆听邓恩铭同志先烈革命事迹党课，让我们很受感动、很受启发、很受教育。今后要增强'四个意识'、坚定'四个自信'、坚决做到'两个维护'。要卓有成效开展好每一次的主题党日活动，为全州决战脱贫攻坚、决胜全面小康发挥余热，作出应有的贡献。"州政协原副主席、州开发研究促进会党支部书记张宪民在总结讲话中指出。

大家纷纷表示，一定以此次主题党日活动为契机，带头学习好继承好革命先烈崇高的精神风范，大力弘扬革命先烈的革命热情和斗争精神，为全州决战脱贫攻坚、决胜全面小康发挥余热、增添正能量。

（资料来源：搜狐网，2020 年 7 月 17 日）

案例五：天津市中华民族文化促进会党支部开展主题党日活动

2020 年是全面打赢脱贫攻坚战收官之年，为落实京津冀协同发展重大国家战略，天津市中华民族文化促进会党支部围绕"京津冀社会组织跟党走——助力脱贫攻坚行动"主题，于日前深入河北省兴隆县大杖子镇郝家营村开展主题党日活动，为郝家营村捐款 3 万元用来建设机井，解决当地缺水的实际问题。

天津市中华民族文化促进会党支部结合正在开展的"问计基层、问需群众"大走访活动、杜绝"舌尖上的浪费"专项整治工作，与大杖子镇郝家营村党支部书记、副书记、村委会主任等进行座谈。座谈中，村党支部书记介绍了该村基本情况、机井建设情况以及村里现有的困难。

郝家营村坐落在兴隆县靠近承德地区的位置，村庄三面环山，因土壤和缺水问题，山上没有农作物，村民以种植山楂树为主要经济来源，因常年缺水，山楂的产量差强人意。村里目前共有 70 多户村民，其中有 20 余户是建档立卡的贫困户，年收入不足 3000 元。由于山楂的产量不足以维持生计，村里的男性劳动力都选择到外地打工，留在村里生活的基本都是老人、妇女和儿童，生活十分困难。村党支部书记介绍说，自收到市中华民族文化促进会的捐款后，就立即找来了机井工人，争分夺秒地把机井建设起来，目前机井建设已经完成并投入使用，这口井可用于灌溉村委会后面大片的山楂树，大大缓解了缺水的问题。座谈会中民促会党支部向村委会赠送《拒绝浪费》《光盘行动》《珍惜粮食》等宣传画，向村民宣传反对浪费、厉行节约的新时代风尚。

座谈中，村党支部书记还反映了当地村民没有自己的文化站图书室的情况，希望民促会党支部能给予帮助。回津后，在市委宣传部出版处的支持、协调下，向当地捐赠了 4 万余元的津版图书，帮助村里建设图书室，丰富了村民的业余文化生活。

通过这次深入贫困地区开展主题党日活动，支部党员进一步了解了贫困地区人民的生活，更加深刻地体会到扶贫工作的意义。支部党员纷纷表示，要进一步深入学习领会习近平总书记关于脱贫攻坚工作的重要讲话精神，并贯彻落实到实际工作中。这次活动让大家走进贫困农村的现实生活，真真切切地感受到只要有一家一户的群众没有解决基本生活问题，我们就不能安心；只要群众对美好生活的向往还没有变成现实，我们就要毫不懈怠地团结带领群众一起奋斗下去。

（资料来源：天津支部生活微信公众号，2020 年 11 月 17 日）

案例六：中国海洋发展基金会赴井冈山
开展主题党日活动

在中国共产党建党 96 周年，恰逢十九大召开之际，中国海洋发展基金会党支部于 2017 年 10 月 20 日至 22 日组织基金会党员赴中国革命的摇篮——井冈山进行了为期 3 天的主题党日活动。支部书记、基金会理事长孙志辉，支部副书记、基金会副理事长吕滨以及基金会党员干部共 10 人参加了活动。

在这次学习考察中，基金会党员怀着对老一辈无产阶级革命家的敬仰之情和对井冈山的向往之心，参观了井冈山革命烈士陵园、井冈山革命博物馆、茨坪毛泽东故居、黄洋界保卫战旧址、朱毛会师广场、小井红军医院和小井烈士墓等革命历史纪念地，举行了重温入党誓词、听感人革命故事和重温井冈山斗争史等活动，开展了一次生动的主题党日活动，深刻感受了"坚定信念、艰苦奋斗、实事求是、敢闯新路、依靠群众、勇于胜利"的井冈山精神。

重温入党誓词

10 月 20 日上午，基金会党员们怀着崇敬的心情来到了井冈山革命烈士陵园，参观了诗词碑林以及井冈山斗争时期著名历史人物塑像。在庄严的氛围中，大家向井冈山革命烈士纪念碑鞠躬致意，向烈士默哀和敬献花圈，并在烈士纪念堂前举行了重温入党誓词活动。

重温井冈山斗争史

在井冈山革命博物馆，基金会党员们认真聆听了讲解员的讲解，对于从大革命到井冈山根据地创立、发展，以及中国革命的整个历史过程有了更进一步的认识。在井冈山这块红色土地上，老一辈无产阶级革命家和无数革命先烈，用鲜血和生命锻造和培育了伟大的井冈山精神。我们这代应继续传承下去，坚守信念，努力工作，在建设海洋强国的历史征程上，留下自己的深深的脚印。

听革命先辈后代讲感人革命故事

10月20日下午，基金会党员们与革命烈士后代进行了一场面对面的访谈学习，倾听了被称作"井冈双雄"革命先烈袁文才的孙子袁建芳、王佐的孙子王生茂，井冈山龙潭景区普通保洁员江满凤，老一辈革命家曾志的孙子石金龙讲述的革命先辈的感人事迹。当大家看到曾志同志留下的遗书时，都情不自禁地流下了热泪。党员们被老一辈革命家的感人事迹所感动，接受了一次深刻的心灵洗礼。

重走崎岖革命路

10月21日，基金会党员们探访毛泽东旧居及湘赣边"一大"会议旧址，学习毛泽东敢创新路的精神。在地势险峻的黄洋界，党员们深刻地感受了80多年前那段不平凡的峥嵘岁月，重温了黄洋界保卫战那段历史。大家都被当年老一辈革命家艰苦卓绝的奋斗和牺牲精神所深深感染。随后，大家还赴茅坪乡神山村学习考察，学习领会习总书记视察神山村的重要讲话精神，调研了革命老区脱贫致富的经验和成果。

通过此次学习，基金会党员干部的思想觉悟得到了进一步提高，为扎实推进"两学一做"学习教育奠定了思想基础。

（资料来源：中国海洋发展基金会微信公众号，
2017年10月25日）

第七章　事业单位党支部主题党日活动案例

各类事业单位，是社会主义现代化建设的主力军，在我国政治建设、经济建设、文化建设、社会建设、生态文明建设中发挥着重要作用。改革开放以来，随着党和国家各项事业的健康发展，事业单位建设取得极大进步，事业单位党组织在事业单位的发展中发挥了十分重要的作用。

截至 2019 年 12 月 31 日，事业单位基层党组织 91.3 万个，基本实现应建尽建。事业单位分布广泛、影响力大，党员群体人才集中、作用突出。总的来看，事业单位把党建工作摆在重要位置，精心谋划部署，扎实有力推进，取得明显成效，基层党组织的战斗堡垒作用和广大党员的先锋模范作用得到较好发挥，为促进事业单位改革发展提供了坚强保障。但是，党的建设虚化、弱化、淡化、边缘化的问题仍然不同程度地存在，特别是基层党组织主题党日等基本组织生活制度落实不到位。有些主题党日的"党味"不浓，有些主题党日与中心工作结合不紧，有些主题党日联系服务群众不够，有些主题党日质量不高，等等。这些问题都需要切实加以解决。

2012 年，中央办公厅印发《关于在推进事业单位改革中加强和改进党的建设工作的意见》，进一步明确事业单位党组织的职责要求，规定："实行党委领导下的行政领导人负责制的事业单位，党组织发挥领导核心作用；实行行政领导人负责制的事业单位，党组织发挥政治核心作用。"十九大通过的《党章》规定："实行行政领导人负责制的事业单位中党的基层组织，发挥战斗堡垒作用。实行党委领导下的行政领导人负责制的事业单位中党的基层组织，对重大问题进行讨论和作出决定，同时保证行政领导人充分行使自己的职权。"2018 年《中国共产党支部工作条例（试行）》进一步将事业单位党支部的重点任务规定为："事业单位中的党支部，保证监督改革发展正确方向，参与重要决策，服务人才成长，促进事业发展。事业单位中发挥领导作用的党支部，对重大问题进行讨论和作出决定。"

在实践中，许多事业单位基层党支部着眼于增强组织生活活力，就开展主题党日活动进行积极探索，既有平台创新、也有形式创新，在具有"党味"的基础上，与中心工作紧密结合，同时贯彻联系群众服务群众的宗旨，主题党日活动质量较高。我们选择了部分事业单位党支部的创新案例，并按照现有事业单位的类型（教育、科技、文化、卫生、社会福利、体育、勘察设计、地震测方、检验检测等）进行排序，希望给广大事业单位党支部落实主题党日制度带来启发和思考。

案例一：攻坚一线守初心、地质扶贫担使命

——武汉地调中心赣南扶贫项目组找水打井进校园
主题党日活动纪实

按照脱贫攻坚"两不愁三保障"的要求，解决贫困地区百姓饮用水安全是必须打赢的攻坚战，也是自然资源部、中国地质调查局党组赋予武汉地调中心的政治任务。赣南扶贫项目组在承担赣州尚未最后脱贫的四县找水打井任务中，通过精准对接了解到于都县峡山小学

的安全饮水难题后，项目组迎难而上，攻坚克难，帮助峡山小学成功建成一座安全饮水示范井，彻底解决了多年来一直困扰学校的饮用水难题，得到了全校师生和当地群众的一致好评和感谢。

2020年7月14日，为进一步树牢岗位建功、敬业奉献意识，为决战决胜脱贫攻坚、全面建成小康社会贡献地质力量，武汉地调中心赣南项目组野外临时党支部组织开展了一场"攻坚一线守初心，地质扶贫担使命"主题党日活动，聚焦支撑赣南校园安全饮水保障工作，把支部主题党日活动与业务推进结合起来，突出党性锻炼，引导见贤思齐，营造敬业奉献、奋勇争先的浓厚氛围。活动采用报告会、现场连线及交流发言的形式进行。

按照"有主题、有主讲、有讨论、有收获"的"四有"要求，赣州项目组负责人、野外项目临时党支部书记邵长生首先作了主题发言。他用一组组数据、一张张照片生动讲述了项目组支撑赣南校园安全饮水保障的感人故事，实景再现了项目组成员不忘初心、牢记使命、攻坚克难、服务人民的点点滴滴。从组建找水打井突击队，到应用新技术新方法实现快速突破，再到找水打井取得显著成效，每一项任务的完成、每一次难关的突破都承载着项目组成员的艰辛与汗水，饱含着地质人勇于担当、甘于奉献、一心为民的家国情怀。"只有深刻体会群众迫切需求，才能领会党的领导和脱贫攻坚决策的正确性。"这是邵长生4年来参与赣州扶贫攻坚地质调查工作最深的感悟。

与会党员们共同分享了参与赣州扶贫的经验体会与感受。野外临时党支部组织委员黎义勇讲述了3月底项目组成员克服疫情影响，第一时间从湖北之外的各地奔赴赣州，全力投入到赣州四县脱贫攻坚的"总攻战"和"决胜战"的不易和艰辛；青年党员路韬、肖攀代表一线突击队成员回忆了自己从一名应届毕业生成长为项目骨干的经历，分享了自己从参与前期踏勘、开展需求对接、论证优选井位到取得找井打水突破的坚守与快乐；党员陈雯讲述了自己勇挑重担，发挥女性细心耐心的优势，为项目做好支撑服务的感人故事。大家的发言饱含深情，充满力量，情真意切，感人至深，言语间展现出新时代地质工作者助力脱贫攻坚、服务老区人民的成就感和自信心，用"赣南速度"诠释了赣南扶贫找水团队攻坚克难的责任与担当。

"金杯银杯不如老百姓的口碑。"江西省于都县峡山小学谢小明校长及家长代表们给钟自然局长发来感谢信，表达他们对地质工作者无限的崇敬和感激。"我们全体师生及背后2000多名家长衷心感谢你们的关心和帮助，我们一定加倍努力工作和学习，以优异的成绩来回报你们的关爱。"钟自然局长专门对来信作了批示："这封来信饱含着赣南革命老区人民对中国地质调查局和地质工作者的深情厚谊，表达了老区人民对武汉地调中心支撑服务赣南脱贫攻坚所做的工作业绩和贡献的充分肯定，也凝聚着老区人民对地质工作者心系百姓、为民解困的殷切期盼。我们要深刻地知民情、会民意，充分发挥地质专业优势，为老区人民办更多的实事，做更大的贡献。"他号召广大党员干部勇于担当作为，立足岗位建功。

把主题党日活动扎根于脱贫攻坚一线，开花于精准扶贫成效，以党建工作创新引领地质调查，以地质调查支撑服务脱贫攻坚，在敬业和奉献中践行初心使命；用地质人严谨的科学精神、求真的专业技能、务实的责任担当，解决了困扰乡村小学多年的饮水难问题，在脱贫攻坚中彰显"责任、创新、合作、奉献、清廉"新时代地质文化。此次支部主题党日活动主题鲜明、内容丰富、形式新颖、准备充分，既做到了"四有"，又体现了理论与实践的密切融合，是一次开展党性教育的生动课堂，是党建引领业务发展的创新示范，达到了理论学习有收获、思想认识有提高、组织活动有成效的目的。

[附录：]

武汉地调中心支撑赣南校园安全饮水保障工作纪实

江西省赣南地区多为山地丘陵，因降水分布不均造成的季节性缺水和工业生活污水排放造成的水质性缺水问题普遍存在，许多条件较差的偏远乡镇中小学长期缺乏安全的饮用水源，在校师生的饮水安全面临严峻挑战。2019年4月16日，习近平总书记在解决"两不愁三保障"突出问题座谈会上指出，"目前乡镇寄宿制学校建设薄弱""在饮水安全方面，还有大约104万贫困人口饮水安全问题没有解决，全国农村有6000万人饮水安全需要巩固提升"。因此，学校的安全饮水问题，既属于"两不愁"范畴，亦跟"三保障"息息相关。

2016年以来，中国地质调查局武汉地质调查中心深入学习贯彻习近平总书记重要指示批示精神，坚决落实自然资源部、地调局党组部署要求，在赣南四县开展找水打井支撑服务脱贫攻坚工作，先后为宁都县青塘镇中学、于都县车溪乡中学、于都县银坑镇梅屋小学、于都县仙下乡富坑小学、于都县仙下乡山椴小学等5所中小学校，共2792名师生解决了安全饮水难题，获得部、局领导和当地政府、干部群众的高度肯定和赞扬。

从"抗疫一线"到"扶贫一线"

2020年3月17日，中国地质调查局召开2020年地质调查支撑服务脱贫攻坚工作动员部署视频会，要求武汉地调中心于6月底前全面完成自然资源部定点扶贫的赣州四县与脱贫摘帽考核相关的地质调查工作任务。时间紧、任务重，此时武汉还处于新冠肺炎疫情严格管控阶段，离汉通道仍处于关闭状态。为如期完成脱贫攻坚任务，武汉地调中心迅速部署，广泛动员，从滞留在湖北省外的专业技术人员中紧急抽调12名技术人员，克服种种困难和不便，于3月24日至28日期间陆续抵达赣州，成为地调局首支到达赣南开展野外地质调查工作的地质扶贫队伍。

与此同时，身在武汉的赣南扶贫团队成员并没有停下脚步，他们主动下沉社区参与社区疫情防控工作，不惧危险，冲锋在前，守护着社区居民生命安全和身体健康，以特殊的方式践行着地质工作者的初心与使命。4月8日，离汉通道开启后，这些刚脱下防护服的赣南扶贫找水团队成员，迅速换上地质工作者的行装，奔赴赣南扶贫一线，全面投入到赣州四县脱贫攻坚的"总攻战"和"决胜战"。"一定要为峡山小学找到优质的地下水源"

"太好了，这下师生们有水用了！"4月30日，一直牵挂着全校师生饮水安全的峡山小学校长谢小明，看到高达几米的水柱喷涌而出，喜悦之情溢于言表。

峡山小学位于于都县罗坳镇峡山村，地处花岗岩广泛发育的丘陵地区，全校258名师生仅靠校园内的一口浅井作为生活水源。浅井位于一处水塘旁，由于附近有生活污水排放导致水质较差，峡山小学属于赣南典型的"水质型缺水"需求点。2020年4月20日，武汉地调中心扶贫找水团队来到峡山小学开展需求对接时，谢校长皱着眉头说："学校里的井水，真是洗衣服都嫌脏。我们学校的老师，几年下来都没有在学校洗过澡"。调查人员前去查看浅井水质，发现水体浑浊发黄，还散发着异味。大家与学校师生感同身受，一致认为解决师生们的安全饮水需求迫在眉睫。武汉地调中心赣南扶贫找水团队负责人邵长生掷地有声地对谢校长说：

"一定要为峡山小学找到优质的地下水源！"

解决258名师生饮水安全问题刻不容缓，赣南扶贫找水团队立刻行动。4月20日当天，赣南扶贫找水团队就安排技术人员前去开展踏勘工作。经过精心的组织和一系列紧锣密鼓的地面调查和物探、钻探工作，仅仅只用了10天时间，峡山小学探采结合井就成功出水，日涌水量达到320吨以上。

根据赣州市疫情防控应急指挥部学校复学工作领导小组工作部署安排，赣州市中小学校定于5月11日开学。谢小明校长希望在学校开学时就能让返校的学生用上安全优质的饮用水。扶贫找水团队立即行动，在出水当天即采取水样加急送检，同时联系当地施工队伍安装抽水水泵，实施供水管网铺设工作。经检测，该井地下水的常规物理化学指标皆满足《农村饮水安全评价准则（T/CHES18-2018）》的要求。

"我不要钱都愿意干"

为方便学校保护地下水资源和合理开采地下水，赣南扶贫找水团队决定为峡山小学建设一座抽水泵房，并配备水泵、水管等抽水设备设施，以彻底解决困扰师生多年的安全饮水难题，真正打通地质扶贫最后一公里。

承担峡山小学饮水示范井抽水泵房建设工程的责任人彭学辉是峡山村的村民，同时他也有着另一个身份——峡山小学学生家长。他的两个孩子都在峡山小学读书，一个读五年级，一个读六年级。当武汉地调中心赣南扶贫找水团队通过村干部介绍找他商量建设泵房工程时，彭学辉格外激动："真的太感谢你们了，以前我的两个孩子在学校吃饭喝水都困难，现在可好了，这么多年没解决的问题你们一来就给解决了，建泵房这个活儿，我不要钱都愿意干！"赣南的5月属于雨季，整个5月都笼罩在雨中，而彭学辉的施工队只用了10余天就完成了泵房主体结构的施工。

从武汉地调中心前往峡山小学进行需求对接，到钻井成功出水，再到安装水泵水管、抽水泵房主体结构完工，仅仅用时40天。"赣南速度"诠释了赣南扶贫找水团队勇于攻坚克难的责任与担当，传递着浓烈的关爱与温暖。

5月11日峡山小学按时开学，当师生们拧开水龙头，洁净的自来水喷涌而出，师生们既惊奇又高兴。"我来学校教书3年了，今天总算能在学校里舒服地洗个澡了！"一位青年教师兴奋地说。

"我们全体师生及背后 2000 多名家长衷心感谢你们的关心和帮助，我们一定加倍努力工作和学习，以优异的成绩来回报你们的关爱。"谢小明校长和家长代表们特地写信给中国地质调查局钟自然局长表示感谢，并表示将教育孩子们以中国地质调查局武汉地调中心赣南扶贫找水团队为榜样，将来学习有成之后，一定勿忘回报社会，报效祖国。

（资料来源：自然资源部中国地质调查局武汉地质调查中心，2021 年 1 月 20 日）

案例二："铭记初心，创新创优"
——广东广播电视台总编室党支部主题党日活动

2020 年 7 月 9 日，广东广播电视台总编室党支部的党员同志们来到中国近代史的开篇地和改革开放的先行地——东莞，参观了广东东江纵队纪念馆和华为松山湖基地，开展"铭记初心，创新创优"的主题党日活动。

重温"东江精神"，铭记初心

广东东江纵队纪念馆位于东莞市大岭山镇，展馆全面地展示了抗日战争时期，中国共产党领导的广东人民抗日游击队东江纵队，为了民族的解放事业浴血奋战、夺取胜利的光辉历程。

广东人民抗日游击队东江纵队被誉为"广东人民解放的旗帜"。抗日战争中，东江纵队遵照中共中央的正确指示，紧密依靠群众，在海外华侨、港澳同胞的支援下，开展独立自主的游击战争，转战东江两岸，深入港九敌后，开辟粤北山区，挺进韩江流域，积极配合华南抗日战场和盟军对日作战，成为华南敌后抗战的中坚力量，为中国抗日战争和世界反法西斯战争的胜利作出了重要贡献。

展馆共展出了东纵革命文物 200 余件，历史照片 450 多幅，雕塑、油画、版画等艺术作品 22 件……

总编室党支部的党员同志们看着这一件件经历了战火洗礼的历史展品，聆听着一个个热血沸腾的革命故事，犹如置身于革命战争年代。

"东江铁流永不息，南粤旌旗永屹立"，硝烟中锻造的东江精神流传至今，成为了一笔宝贵的精神财富。总编室的党员同志们在重温历史中缅怀先烈，铭记初心。

学习"华为精神"，创新创优

总编室党支部的党员怀揣着革命的热忱又来到了华为松山湖基地进行交流和学习。被称为"绿色新基地"的华为松山湖园区将优美的生态环境和现代化工作场所相融合，致力营造一个全新的华为绿色园区，一种全新的工作方式和工作理念。

作为世界知名的 100 强企业，"华为精神"一直代表了一种进取的企业文化。在华为基地，华为国际化的战略体系、先进的管理模式和企业文化，让同志们经历了一趟学习之旅。华为所倡导的"学习、创新、获益、团结"，让其在激烈的市场竞争中一直保持屹立不倒。而这些也正是我们传统媒体人在面对媒体变局，依靠改革，以创新创优的精神开拓新局的前进动力。

通过此次主题为"铭记初心，创新创优"的主题党日活动，台总编室党支部进一步巩固了"不忘初心、牢记使命"主题教育成果，在习近平总书记提出"依靠改革应对变局开拓新局，扭住关键鼓励探索突出实效"的时代背景下，党员同志们更坚定了要不忘初心，高举旗帜，以高度的政治责任感，发扬务实的作风，勇于创新创优，为电台的改革振兴发展贡献自己的力量。

（资料来源：GRT人微信公众号，2020年7月14日）

案例三：走进象山：传承红色基因，培育家国情怀①

开展革命传统教育，是"不忘初心、牢记使命"主题教育的重要内容。为进一步教育引导全体党员悟初心、守初心、践初心，激发干事创业的激情，2019年12月13日，宁波市社会福利院党支部组织全体党员及入党积极分子赴象山开展"传承红色基因，培育家国情怀"主题党日活动，在参观学习中体会先烈奋斗精神，感悟红色初心，汲取奋进力量！

以"学"践初心——参观"红色宣义"基地

在工作人员的带领下，大家走进象山影视城"红色宣义"实训基地，参观了星光影视小镇党群服务中心和游客服务中心。

通过讲解和图文展示的方式，大家进一步了解象山影视城的党群建设和志愿服务工作。

---

① 此案例系宁波市社会福利院党支部主题党日活动。

"星光课堂""初心讲堂"等特色化党群工作为党员们如何利用专业知识投入党组织建设、服务社会拓宽了视野，提供了很多宝贵的经验。

以"感"悟初心——学习先烈事迹

在"12·13"国家公祭日，我们来到了殷夫故居和象山茅洋乡万人坑。

殷夫故居陈列着殷夫的生平、生前的照片，以及他的诗文著作。内容从西厢起，止于东厢，展览距离不过百步，却记录了殷夫烈士从少年到英雄斗士的革命遗迹，包含着深刻的教育意义。大家触摸着那些经时间风化的历史碎片，深切感受到革命年代里那些坚贞不屈、正气凛然的烈士灵魂，不禁为烈士大无畏的革命精神和不屈的革命斗志所折服。

群山环抱的象山县茅洋乡，曾是我国的氟矿主产地。抗战期间，侵华日军在这里掠夺数年，2700多名中国劳工被折磨致死。为了纪念这些劳工，后人在遗址处立碑，取名"万人坑"。在"勿忘碑"前，惨痛的血泪史呈现在大家面前，民族血泪和革命英烈的抗争，使大家意识到在和平发展时期自己肩上所担负的责任。

以"誓"明初心——重温入党誓词

"我志愿加入中国共产党，拥护党的纲领……"在宣誓墙前，全体党员在支部书记赵建培的领誓下，再一次庄严宣誓，用简短的入党誓词，言明为民的拳拳之心。

党员干部谈体会：

褚志勇：今天党日活动关键三部曲：国家公祭日深切哀悼万人坑英魂，无限缅怀殷夫先烈故居，满怀豪情参观学习象山党群服务促进中心。整个党日活动，松弛有度，环环相扣，主题导向鲜明。在国家公祭日参观学习,虽心情沉重,但意义特殊,让我们感恩幸福生活。对照标杆找差距,今后会激发大家学以致用努力工作!此次党日活动,收获满满!

潘迪:在"12·13"国家公祭日,我们"不忘本来",参观殷夫故居、象山茅洋乡万人坑,一同缅怀革命先烈,致敬革命先驱奋斗精神,启发我们始终不要忘记"我们是谁""从哪里来"和"走过的路",守初心践使命;我们"继往开来",参观了象山影视城星光小镇党群服务中心,通过党建带群建,图文并茂展板向我们展示百姓当下的幸福生活及对未来的美好愿景。本次开放型党日活动,寓意深远,我们将继续心怀梦想砥砺前行。

胡庆华:在今天这个特殊的日子里,我们参观红色教育基地,缅怀革命先烈的丰功伟绩,在先烈故居重温入党誓词,作为一名共产党员,更加坚定了理想信念,在今后的工作中,将不忘初心,牢记使命,永远奋斗,为福利院的建设发展作出应有的贡献。

我们的风采

本次活动是"不忘初心、牢记使命"主题教育系列活动之一,既是一次追忆革命先辈的"初心之旅",更是一次党性的锤炼和思想的洗礼。我院将充分用好主题党课宣讲、党日活动等活动载体,让理论学习和实践活动贯穿主题教育,让初心成为指引每一位党员勠力前行的海上灯塔。

(资料来源:宁波市社会福利院,2019 年 12 月 13 日)

案例四：市勘察院①工程地质勘察中心党支部、测绘中心党支部、总工办党支部、水文地质中心党支部开展主题党日活动

为全面学习贯彻党的十九大精神和习近平新时代中国特色社会主义思想，深入开展"不忘初心、牢记使命"主题教育，在中国共产党成立98周年之际，北京市地质工程勘察院工程地质勘察中心党支部、总工办党支部、测绘中心党支部、水文地质中心党支部四个支部的党员前往位于北京市门头沟区斋堂镇马栏村八路军冀热察挺进军司令部旧址和爨底下村进行"不忘初心、牢记使命"主题教育的参观学习活动并慰问市地勘院驻东胡林村第一书记辛宝东同志。

一路红歌到马栏

在活动途中，工程地质勘察中心副主任王树升同志、总工办刘思源同志、测绘中心副主任简程航同志精心准备"一路红歌到马栏"节目，党员们先后演唱了《祖国不会忘记》《我和我的祖国》《中国人》《走进新时代》《军港之夜》等经典红色歌曲，最后全体党员合唱《勘探队员之歌》用歌声对党的98岁"生日"献礼。党员们深刻认识中国共产党人的初心和使命是为中国人民谋幸福、为中华民族谋复兴，纷纷表示要同心聚力把"不忘初心、牢记使命"主题活动部署化作脚踏实地的行动力，继续立足本职工作，为首都乃至全国地勘事业保驾护航。

---

① 指的是北京市地质工程勘察院。

东胡林村

东胡林村是兄弟单位北京市水文地质工程地质大队辛宝东同志挂职锻炼的村庄。党员们一行来到该村拜访慰问东胡林村挂职第一书记辛宝东同志。辛书记详细介绍了东胡林村的发展过程，居民经济主要来源及"第一书记"的选拔、任用流程及职责；在休息时间里很多年轻党员探讨起了东胡林人遗址及该区域地形地貌特征，把我院工会 2018 年举办的青年技术人员"岗位练兵"活动所学进行了深刻演绎。

冀热察挺进军司令部旧址

伴随着基地激昂的革命歌曲，党员们走进冀热察挺进军司令部旧址陈列馆，萧克将军题写的热血诗词映入眼帘："北渡拒马河，百花山在望。建立挺进军，深入敌心脏。放眼冀热察，前程不可量。军民同协力，胜过诸葛亮。抗战虽持久，笑我力正壮"。党员同志们依次参观了 6 个陈列馆，通过院内角落处的防空洞，真实感受这段抗战历史，深刻体会共产党抗日战争的艰辛与今日幸福生活的来之不易，坚信共产党员选择的正确道路、为成为一名共产党员而感到无比光荣和自豪。

随后，全体党员在陈列馆前面对党旗，怀着激动的心情，在简程航同志带领下重温入党誓词。

爨底下村

最后，大家来到"区级革命传统教育基地"爨底下村。该村始建于明永乐年间，至今已有 400 多年历史。整个村庄保留着比较完整的古代建筑群，村分上下两层，高低错落线条清晰，被称为北京地区的"布达拉宫"。漫步爨底下村，仄仄的古道以及清凉的山风，古韵与沧桑印照着曾经的繁华，恰如陈年老酒，铅华洗尽、方知朴素，繁花落定、始见真淳。

在分散活动时，勘察中心党支部张威、李春荣等十名党员同志来到了爨底下村北 3 公里的"一线天"处，这里曾拍摄《侠女十三妹》《天军》《投名状》《三国演义》等多部影视剧。通过野外认知，使党员们对地质基础现象有了更加直观和感性的认识，亦对日常工作和学习有着重要的补充。将地质基础认知工作与主题党日活动进行了有机结合，提高了青年技术人员的野外地质认知能力，拓展了技术管理人员的工作思路，激发了全体党员的爱国主义热情。

通过此次活动，党员们纷纷表示要学习革命先烈们众志成城、百折不挠、克服困难的崇高思想和舍生取义的奉献精神，在坚持地质"三光荣"精神的同时，不忘初心，牢记使命，立足本职，为地勘行业辉煌灿烂的明天而努力奋斗，为实现中国梦作出自己力所能及的贡献。

（资料来源：北京市地质工程勘察院微信公众号，2019 年 7 月 23 日）

第八章　机关党支部主题党日
　　　　活动案例

　　各级党和国家机关是党代表人民执掌政权的组织机构，加强和改进机关党的建设，既是推动全面从严治党向纵深发展的客观需要，也是各级机关党的建设走前头、作表率的现实需要。习近平总书记在中央和国家机关党的建设工作会议上的重要讲话中指出："我们党历来高度重视中央和国家机关党的建设。中央和国家机关党的建设必须走在前、作表率，这是由中央和国家机关的地位和作用决定的。中央和国家机关离党中央最近，服务党中央最直接，对机关党建乃至其他领域党建具有重要风向标作用。"

　　截至 2019 年 12 月 29 日，全国共有机关基层党组织 72.3 万个。总的来看，机关基层党组织对组织生活高度重视、党员干部参加组织生活的主动性和积极性较高，但是个别机关党支部也存在组织生活不经常、形式不新颖、吸引力不强等现象。

　　2010 年，中央印发《中国共产党和国家机关基层组织工作条例》规定，机关基层党组织要"充分发挥党的思想政治优势、组织优势和密切联系群众的优势，把服务中心、建设队伍贯穿始终，发挥党组织的协助和监督作用，促进本部门各项工作任务的完成、为改革开放和社会主义现代化建设服务"；并规定了机关基层党委（含不设基层党委的党总支、党支部）的九项基本职责。十九大《党章》明确规定了各级党和国家机关中党的基层组织的职责："协助行政负责人完成任务，改进工作，对包括行政负责人在内的每个党员进行教育、管理、监督，不领导本单位的业务工作。"《中国共产党支部工作条例（试行）》中明确提出各级党和国家机关中的党支部的重点任务："围绕服务中心、建设队伍开展工作，发挥对党员的教育、管理、监督作用，协助本部门行政负责人完成任务、改进工作。"

各级党和国家机关中的党支部要履行好教育、管理、监督党员的职责，就必须按照相关制度和规定如期、高质量组织开展主题党日活动，在加强对本支部党员教育和管理的同时，也在全社会形成示范效应，充分发挥主题党日活动的重要功能。本篇选取的活动案例按照党的机关、人大机关、行政机关、政协机关、审判机关、检察机关以及人民团体机关进行排序，内容丰富、形式多样、涉及范围广，具有一定的典型性和代表性。希望这些案例能为各级党和国家机关党支部开展主题党日活动提供参考和借鉴。

案例一："对标先进典型，牢记初心使命"
——内蒙古自治区党委办公厅机关党委党支部、
综合三处党支部联合开展主题党日活动

按照党委办公厅统一安排部署，2019 年 1 月 29 日晚，机关党委（厅办公室）党支部和综合三处党支部围绕学习贯彻"整治'四官'问题，净化机关政治生态"工作部署安排，开展了"对标先进典型，牢记初心使命"主题党日活动。

主题党日活动上，全体党员佩戴党徽，重温了入党誓词，综合三处党支部书记赵舒龙传达了罗永纲秘书长在党委办公厅 2019 年度第 1 次中心组学习会上的讲话精神，张永喜同志传达解读了《党委办公厅深入开展整治"四官"问题净化机关政治生态行动的实施方案》，机关党委（厅办）党支部书记王惠结合在杨善洲干部学院的认识体会作了题为《学习弘扬杨善洲精神　永葆共产党人的初心本色》的专题发言，并组织全体党员围绕主题进行了交流发言。

王惠同志指出，机关党委和综合三处在推进专项整治行动中，负有协助厅班子抓紧抓实这项工作的重要责任，担负着具体组织协调与推动落实任务，要聚焦"四官"问题具体表现，紧扣"三服务"工作实际，以更高的标准、更严的要求、更实的作风，扎实开展好专项整治行动。杨善洲同志入党60载，多年担任领导职务，在县委书记、地委书记岗位苦干实干，为当地发展作出了突出贡献，在退休后，又在大亮山上住了9年，先后工作22年，带领家人和群众历尽艰辛义务造林，在荒山上建成了5.6万亩的林场，后来又将价值3亿多元的林场经营权无偿交给了国家。他的15个直系亲属中，包括他的大女儿至今仍有8人在当地农村居住生活。他一辈子忠于党的事业，一辈子担当尽责，一辈子清正廉洁，真正体现了共产党人的知行合一与行胜于言，为我们树立了新时代共产党人的榜样和标杆。他强调，杨善洲同志是党员干部忠诚干净担当的楷模，他为党和人民所做的一切，与"四官"行为形成了鲜明的反差，党委办公厅是重要的政治机关，党员干部更应经常与杨善洲精神对标对表，努力做到坚定理想信念，对党绝对忠诚；勇于担当作为，始终敬业奉献；坚持廉洁自律，保持干净纯洁。

随后，全体党员依次进行了交流发言，大家一致认为，杨善洲精神充分体现了共产党人大公无私、光明磊落、甘于奉献的崇高品质和忠诚于党、忠诚于国家、忠诚于人民的家国情怀。今后，将以杨善洲同志为榜样，对标先进典型，从自己做起，树立正确的世界观、人生观、价值观和政绩观，以更加昂扬的精神状态、更加扎实的工作作风，扎实推进办公厅整治"四官"问题，净化机关政治生态工作，努力为党委办公厅机关党建工作和"三服务"事业作出新的更大的贡献。

（资料来源：党办党旗红微信公众号，2019 年 2 月 2 日）

案例二："学习重要指示、续写'八八战略'"

——市委统战部①机关党支部主题党日活动

为深刻领会和全面把握习近平总书记的重要指示，重温"八八战略"主要内容，进一步坚定信仰定力、政治定力、战略定力，争做学懂弄通做实习近平新时代中国特色社会主义思想排头兵，市委统战部严格按照省委、市委部署，于 8 月 27 日晚组织开展了"学习重要指示，续写'八八战略'"支部主题党日活动。市委统战部常务副部长黄文刚主持活动，并带领全体党员干部重温了"八八战略"的主要内容。

会上，全体党员干部集体观看了政论纪录片《"八八战略"15 年》，认真学习了习近平总书记在《中共浙江省委关于"八八战略"实施 15 周年情况的报告》上作出的重要指示和习近平总书记对推进中央和国家机关党的政治建设作出的关于"三个表率、一个模范"的重要指示精神。同时结合工作实际，围绕"学习重要指示，续写'八八战略'"主题，开展了深入学习讨论。

党员代表潘逸文表示：作为一名年轻干部要以高度的政治责任感和历史使命感，铭记总书记的谆谆教诲，切实提高政治站位和履职定

① 指的是浙江省绍兴市委统战部。

位，在奋力书写新时代"八八战略"绍兴篇章中扛起新使命、增强新本领、展现新作为。一是勤学习，储备原动力。要端正态度，树立终身学习思想；要深学理论，筑牢思想根基；要精学业务，强化履职能力。二是重实干，提高执行力。通过树立全局化、精细化、效能化和优质化的执行理念进一步提高执行力，提升工作层次和水平，为统战工作增光添彩，为助推"八八战略"尽绵薄之力。三是勇实践，增强担当力。具体要体现在良好的精神状态上、扎实的工作作风上和大胆的创新创造上。

党员代表范啸寅指出："八八战略"要一任接着一任干，久久为功。"八八战略"再深化，改革开放再出发现在已经摆在我们这一代人面前，成为我们这一代人的历史必答题。做好这道历史必答题就要一以贯之学懂弄通做实习近平新时代中国特色社会主义思想，使之成为新时代深入践行"八八战略"的指路明灯、行动指南；就要领会好、把握好"干在实处永无止境，走在前列要谋新篇，勇立潮头方显担当"的深刻内涵；就要以学促用、以做促学，为"八八战略"提供绍兴数据、绍兴战术，"八八战略"既是认识论也是方法论，要将"八八战略"所蕴含的深刻思想与绍兴的实际相结合，盘点出优质山水资源、深厚人文资源、厚实产业基础以及"枫桥经验"发源地、大湾区区位等优势，增强发展底气和信心，作为绍兴干部群众中的一员，在绍兴市委的领导下奋力续写好新时代"八八战略"绍兴篇章。

党员代表张琴表示："八八战略"是习近平总书记留给浙江的极其宝贵的精神财富，他对"八八战略"的重要指示，为浙江未来的发展指明了方向、提供了遵循。努力践行"八八战略"，就是要铭记"八八战略"指引浙江走过的光辉历程，从中汲取前行的智慧和力量，要深刻领会习近平总书记赋予浙江的新期望，不断增强坚定不移沿着"八八战略"指引的路子走下去的信心和决心，要以思想大解放、行动大担当，推进"八八战略"再深化、改革开放再出发。落实到具体工作中，就是要着力在省委车俊书记强调的"六个变"上下功夫，变"不可能"为"可能"，变"事事找惯例"为"大胆创新例"，变"路径依赖"为"模式创新"，变"劣势"为"优势"，变"跟跑"为"领跑"，变"算小账"为"算大账"，以开拓创新的思维和敢于担当的勇气全力推动绍兴统战工作再上新台阶。

黄文刚充分肯定了党员代表们的积极发言，并要求把学习贯彻习近平总书记重要指示精神作为当前和今后一个时期的重要政治任务，要求每位党员干部时刻牢记使命，切实改进工作作风，坚持知行合一，紧密结合实际，切实把思想和行动统一到重要指示精神上来，以实现绍兴统战事业的新发展。

（资料来源：绍兴统战微信公众号，2018 年 8 月 28 日）

案例三：市委网信办①机关党支部开展"七一"主题党日活动

2020 年 7 月 1 日，中共潮州市委网信办机关党支部组织全体党员和入党积极分子，到饶平县浮滨镇中段村，和村"两委"干部一起过党日，以特殊的形式向中国共产党建党 99 周年献礼。

中段村是潮州市委网信办、市退役军人事务局挂钩帮扶的省定贫困村。近年来，在国家粮食和物资储备局广东局及市直帮扶单位的帮助指导下，中段村通过抓党建促扶贫、抓产业促发展、抓环境促文明

---

① 指的是中共潮州市委网信办。

等有效措施，推动全村各项事业不断迈上新台阶。

活动中，市委网信办机关党支部书记、市委网信办主任李琼以《担当作为、一线建功，为潮州夺取疫情防控和经济社会发展"双胜利"作贡献》为主题，结合市委网信办和中段村的实际，为大家上党课。李琼指出，2020年是决战全面建成小康社会、决胜脱贫攻坚之年，也是市委"1+5+2"工作部署深入推进、"六大工程"全面实施的落实之年。统筹推进疫情防控和经济社会发展，需要充分发挥好党支部战斗堡垒作用、党员先锋模范作用，更需要每一位党员干部在各自岗位和工作一线上奋发有为、奋勇当先。李琼要求，要提高政治站位，加强理论学习，认真学习领会习近平新时代中国特色社会主义思想、习近平总书记重要讲话和重要指示批示精神，特别是关于统筹做好疫情防控和经济社会发展有关工作重要讲话精神，把"两个维护"融入血脉、见诸行动，在思想上政治上行动上同以习近平同志为核心的党中央保持高度一致，确保中央、省委和市委工作部署不折不扣、高质量落地见效。要以革命先烈和老一辈革命家为标杆，不忘初心，牢记宗旨，担当作为，尽责履职，一线建功，为奋力夺取疫情防控和经济社会发展"双胜利"，为决胜脱贫攻坚和全力推动乡村振兴提供强有力的组织保障和网信支撑。当天，潮州市委网信办机关党支部还走访慰问了中段村的帮扶户，向他们送去党组织的关怀；开展党员志愿服务活动，到该村文化广场张贴"处非维稳"宣传海报，到村民家中发放《中华人民共和国网络安全法》、打击非法集资的小扇子和宣传资料等。

支部党员和入党积极分子还深入到果园，与果农一起收摘荔枝，体验农民劳动生活，了解今年购销情况，提供相关市场信息，力所能及地为果农排忧解难。

"七一"前夕，潮州市委网信办机关党支部认真按照市直机关工委《关于开展"担当作为、一线建功"主题党日活动的通知》精神，通过组织生活会等形式组织全体党员认真学习习近平新时代中国特色社会主义思想、习近平总书记重要讲话和重要指示批示精神，创新学习形式，以机关"第一讲堂"为载体，通过机关党员同志主讲，其他党员同志点评交流的形式，回顾了中国共产党近百年走过的光辉历程和取得的伟大成就，深入学习党史、新中国史、改革开放史、社会主义发展史，进一步教育引导党员干部牢记党的宗旨、坚守党的初心、勇于担当负责。

（资料来源：网信潮州微信公众号，2020 年 7 月 1 日）

案例四：市委①编办机关党支部开展"迎'七一'纪念建党 97 周年"主题党日活动

2018 年 6 月 29 日，市委编办机关党支部组织全体党员到蓬溪县旷继勋纪念馆和蓬溪县常乐镇拱市村，开展了"迎'七一'纪念建党 97 周年"主题党日活动，引导全体党员强化党性锤炼、提升党性修养，进一步强化担当、真抓实干，更加斗志昂扬地推动我市机构编制工作再上新台阶。

开展"'不忘初心、牢记使命'重温入党誓词"主题活动

在蓬溪县旷继勋纪念馆，全体党员回顾了老一辈革命家在当时艰苦卓绝环境下工作学习战斗的历程，缅怀革命先烈，加强党性锤炼，

———————————
① 指的是四川省遂宁市委编办。

接受革命传统再教育洗礼。参观结束后，在纪念馆前举行了"不忘初心、牢记使命"重温入党誓词宣誓仪式，全体党员佩戴党徽，面对鲜红的中国共产党党旗，在党支部书记贺余芬同志的带领下庄严宣誓，进一步强化了党员的党章意识、增强了党性修养。

开展"牢记为民初心、积极担当作为"主题教育

在蓬溪县常乐镇拱市村，党的十九大代表、常乐镇拱市联村党委书记蒋乙嘉带领全体党员参观了拱市村党建文化活动中心、民间藏品展馆等，为大家详细介绍了拱市村新村建设、产业发展以及拱市联村发展规划等情况，并分享了当地为共产党员不忘初心、牢记使命带领全体村民发展产业共同致富的奋斗历程。

在拱市村村委会会议室，市委组织部副部长、编办主任何洁为全体党员作了专题党课报告。党课以"牢记为民初心、积极担当作为，奋力推进'深化党和国家机构改革'在遂宁的生动实践"为主题，结合机构编制部门实际，从充分认识坚持以人民为中心推进党和国家机构改革的重大意义、准确把握坚持以人民为中心推进党和国家机构改革的鲜明特征、切实掌握坚持以人民为中心推进党和国家机构改革的重点任务、全面落实坚持以人民为中心推进党和国家机构改革的各项部署四个方面，深刻阐述了深化党和国家机构改革的原则方向，进一步明确了机构编制部门的使命担当，为全市深化机构改革提供了遵循。

开展"牢记为民初心、积极担当作为"专题研讨

在拱市村村委会会议室，开展了"大学习、大讨论、大调研"活动专题大讨论，全体党员干部以"牢记为民初心、积极担当作为"为主题，结合深入学习贯彻习近平新时代中国特色社会主义思想、习近平总书记对四川工作重要指示精神以及省、市主要领导干部读书班精神，联系个人思想工作生活作风实际和部门职责、岗位职责，围绕深化党和国家机构改革、践行使命担当谈认识、谈打算，进一步明确怎么看、怎么干，决心切实把智慧和力量凝聚到落实党的十九大和十九届三中全会以及省委十一届三次全会的决策部署上来。

（资料来源：遂宁机构编制微信公众号，2018 年 7 月 5 日）

案例五：充满红色激情　洋溢昂扬斗志

——黔南州纪委州监委①机关一支部主题党日活动侧记

动情的读书体会、深刻的领学发言、精致的生日贺卡、温馨的初

---

① 指的是贵州省黔南州纪委州监委。

心回忆、暖心的誓词重温……

2019 年 5 月 29 日，黔南州纪委州监委机关第一党支部组织开展"坚决做到'三个必须十五个不得'，争做新时代优秀纪检监察干部"主题党日活动。活动围绕会前自学、集中读书、领学及重点发言、启动政治生日等活动有序开展。会前，一支部全体党员同志充分利用业余时间，深刻学习了习近平总书记系列重要讲话和《中国共产党党员教育管理条例》及近期时事政策精神。

会前自学有收获，会中分享传能量。"人生就该像主人公孙少安、孙少平那样，面对艰难生活不低头，坚定信念不达目的不罢休，在人生短短几十年的道路上走出不一样、走出自己的精彩。"一名党员同志如是畅谈《平凡的世界》读后感，传播阳光向上正能量。"乐于助人、爱岗敬业、淡泊名利……也许我们做不到郭明义的境界，但至少我们可以认认真真完成每件小事，热爱我们的事业，在工作岗位上尽心尽责，在不断磨练中体现自我价值。"一名党员同志读了《幸福就这样简单》，向党员们传达幸福真谛，让大家重新认识何为幸福、如何幸福。

读书有感，学习有悟。在集中学习环节，领学同志分享了学习心得体会。从分析一时学习容易、坚持学习不易的原因，到洞察坚持学习、学以致用的方法，再到探寻如何达到"融会贯通、正确运用"境界的途径，深刻阐述了对杨晓渡同志关于"深入学习习近平新时代中国特色社会主义思想 认真贯彻落实十九届中央纪委三次全会精神"精彩论述的学习体会。从坚持信仰有定力、敢于斗争有战力、保持廉洁有魄力、严守纪律有效力、保障安全有助力五个方面，畅谈学习《"三个必须十五个不得"行为规范》的体会，向大家发出只有自己"身正"了，监督执纪工作才会事半功倍、才能信服于大众，要用自己的一言一行维护纪检监察干部良好形象的倡议。全场学习激情四溢、内容详实厚重。

学习不止，身份永存。领学结束后，"牢记政治生日·不忘入党初心·争当忠诚卫士"主题活动正式启动。州委常委、州纪委书记、州监委主任郑国宁亲自为当月过政治生日的同志颁发生日贺卡。鲜红的贺卡，点燃每一个过政治生日同志的入党激情；手递手的递送，让每一个过政治生日的同志触摸入党誓言；温馨的重温，入党申请书的再一次诵读，使每一个过政治生日的同志重拾入党初心。发送一封生日贺卡、自检一次行为作风、开展一次交心谈心、进行一次集中学习、诉说一次"入党初心"、开展一次警示教育、重温一次入党誓词，并结合支部实际，创新开展支部活动的"7+X"模式，让支部活动彰显党性色彩、充满红色激情、洋溢昂扬斗志。"学有所成、会有所悟、参有所感，给人以温暖和力量！"与会党员激动感叹。

"活动内容丰富、活动形式多样，效果很好。"州委常委、州纪委书记、州监委主任郑国宁以普通党员身份参加了主题党日活动。他对此次主题党日活动充分肯定，认为活动组织严谨、规范而又不失活跃，着力唤醒支部党员的身份意识、责任意识，凝聚基层战斗堡垒力量，效果很好。

郑国宁指出，几名党员分享的读书体会和重点发言内容丰富、结合实际，有思考、有感悟，从中可以感受到年轻干部的工作激情和积极的工作态度，充满了朝气和责任；对政治生日的安排很用心，复印入党申请书装入生日贺卡，党员对照入党申请书谈体会、重温入党初心、铭记入党承诺，很有意义、很有价值。

郑国宁强调，党员干部要热爱学习、善于思考，在学习中磨练和提高自己，通过学习启发、鞭策鼓励，相互借鉴、取长补短；要积极自觉参与党组织的各项集体活动，激发对党的热爱之情，给自己增强自信，给集体增添力量；要践行承诺，牢记初心使命，带好头、作表率，立足岗位勇于奉献，做好自己该做的事，带好头、作表率，彰显纪检监察队伍活力与自信。

（资料来源：黔南党建微信公众号，2019 年 5 月 31 日）

案例六：市人大常委会①机关第三党支部开展 "不忘初心，保护湿地，构筑生态文明" 主题党日活动

2020 年 5 月 13 日上午，市人大常委会机关第三党支部赴赛罕区石人湾开展"不忘初心，保护湿地，构筑生态文明"主题党日活动。本次活动深入贯彻习近平总书记在中央和国家机关党的建设工作会议上的重要讲话精神，全面落实"融合式党建"新要求，解决"两张皮"问题，找准结合点，将支部党建活动与专业代表小组工作结合起来，将环保志愿工作与湿地保护立法调研结合起来，坚持党建工作和业务工作一起谋划、一起部署、一起落实、一起检查，是一次推动两项工作相互促进的生动实践。

市人大常委会副主任蓝峰、市十五届人大常委会代表资格审查委员会主任委员张红霞、市人大常委会秘书长张晓帆参加活动。

石人湾自然保护区位于呼和浩特市赛罕区黄合少镇东北，被市政府和自治区环保厅设定为市级自然保护区——湿地保护区，周边青山绵延，溪水潺潺，是我市知名的旅游胜地。近年来，随着经济发展和旅游活动增加，破坏生态环境的不文明行为屡有发生，湿地生态保护亟须引起关注。三支部党员在呼和浩特市鸿雁湿地生态保护协会负责

---

① 指的是呼和浩特市人大常委会。

同志的引领下，穿起志愿者服装，亲身上阵，捡拾湿地保护区内的垃圾，用实际行动，为保护湿地生态环境贡献一份力量。

为了更好地科学立法、民主立法、依法立法，同时充分发挥代表专业特长，调动代表在闭会期间的履职积极性，志愿活动结束后，第三党支部还联合法律界人大代表，开展了湿地保护立法调研座谈会。会上观看了石人湾湿地保护区宣传片，多位参会的常委会组成人员和

自治区、市两级法律界人大代表踊跃发言，市十五届人大常委会代表资格审查委员会主任委员张红霞作总结发言，肯定了石人湾农牧业公司和鸿雁湿地生态保护协会为石人湾自然保护区经济发展和生态保护作出的努力，指出市人大常委会高度重视首府生态建设与环保治理，将我市湿地保护条例列入了今年的立法调研。下一步，常委会还将在专业代表小组的"专"上下功夫，围绕人民群众关心的热点难点问题，不断深化和丰富代表小组的活动内容，创新代表活动方式，着力提高代表活动实效，使人大代表为首府生态优先，绿色发展贡献更多力量。

通过本次活动，党员们深刻认识到，绿水青山就是金山银山。我们要牢记习近平总书记建设"两个屏障"的嘱托，用心当好"两个屏障"的建设者，保持加强生态文明建设的战略定力。结合人大工作实际，不断为首府在探索以生态优先、绿色发展为导向的高质量发展新路子走在前、作表率，贡献人大智慧和力量。

（资料来源：首府人大微信公众号，2020 年 5 月 14 日）

案例七：省政协机关①开展社会主义核心价值观主题党日活动

为深入推进社会主义核心价值观教育实践活动，省政协机关将每年 5 月的主题党日活动确定为社会主义核心价值观主题党日。疫情防控特殊时期，机关各党支部采取线上线下两种方式，把主题党日活动

---

① 指的是河南省政协机关。

与精神文明创建相结合，围绕新冠肺炎疫情防控、助力脱贫、"六文明"、志愿服务等内容，开展了内容丰富、形式多样的学习实践活动。

省政协机关党委党支部、委员联络委员会学习培训处党支部、驻机关纪检监察组党支部赴内黄县六村乡郭桑村，与"手拉手"结对共建的郭桑村党支部联合开展"践行社会主义核心价值观，手拉手共建文明乡风"主题党日活动。组织参观村党支部活动阵地，和村党支部委员一起重温入党誓词。向村党支部和村民捐赠政治理论、科学技术、家风家教等方面的书籍，向村民发放《社会主义核心价值观宣传手册》《推进移风易俗　树立文明乡风宣传手册》200 余份。开展助农志愿服务活动，走进田间地头帮助农民移栽种植辣椒苗。

人口资源环境委员会办公室党支部结合新冠肺炎疫情防控工作，深入企业一线，走近委员身边，与郑州凯雪冷链股份有限公司党支部联合开展主题党日活动。现场参观企业冷柜生产流程，了解冷链产业现状及发展前景，学习疫情期间省政协委员"抓党建促发展、战疫情显担当"的抗疫事迹。联合召开座谈会，就如何提升基层党支部的战斗堡垒作用、有效发挥基层党员的模范带头作用进行了深入交流。

离退休干部工作处党支部到金水区总医院（南院区）实地查看该院医养结合项目硬件环境，了解设施建设、患者就诊、学科发展等情况，组织学习抗击新冠肺炎疫情防控中涌现出的部分先进事迹，围绕以先进为榜样、做好老干部工作开展讨论交流。

秘书处、接待处党支部围绕"讲诚信、树新风"分别开展主题党日活动，集体学习《河南省文明单位诚信公约》，就如何落实"三个一流、四个之家"要求，将诚信理念与诚信品质落实到具体工作中进行交流座谈。宣传处、民族宗教委员会办公室党支部利用河南干部网络学院平台，分别组织观看"社会主义核心价值观体系与党员修养"专题课程和"党员干部践行社会主义核心价值观的途径"专题课程，并交流学习体会、畅谈感悟认识。其他党支部也通过集中学习方式开展了社会主义核心价值观主题党日活动，组织学习习近平总书记关于社会主义核心价值观的重要论述，观看社会主义核心价值观主题微电影、电视政论片《雄关》。

下一步，省政协机关将把培育和践行社会主义核心价值观作为提升党员干部修养的重要路径，通过持续开展社会主义核心价值观主题党日活动，引导机关党员把社会主义核心价值观内化入心、外践于行，使社会主义核心价值观真正融入服务政协履职的各项工作中。

（资料来源：河南机关党建官网，2020 年 6 月 4 日）

案例八：黑龙江省总工会机关党支部开展关爱脑瘫儿主题党日活动

2019 年 3 月 22 日下午，黑龙江省总工会劳动和经济工作部、财务资产部、权益保障部、教科文卫体工会、财贸工会和省管企业工委党支部 27 名党员来到哈尔滨博能康复治疗中心，开展主题党日活动，看望慰问脑瘫患儿，为孩子们送来慰问品，亲身感受人间关爱。

黑龙江省博能集团董事长、博能脑瘫康复中心创办人、全国"三八红旗手"贾秀芳女士首先对省总工会开展的关爱脑瘫患儿主题党日活动给予高度评价，对大家的爱心奉献表示衷心感谢。她说，在社会各界的关心帮助下，哈尔滨博能康复中心开办几年来取得了很好的社会效益，为许多不幸家庭解除了痛苦，燃起新生的希望。

在康复中心，我们看到许多患儿都亲切地称她为"贾妈妈"，她的无疆大爱挂在每个孩子和笑脸上。贾秀芳女士一边介绍康复中心的设施、功能情况，一边带领支部党员们参观学习教室、康复室、绘画室、餐厅等孩子们日常学习生活区域，现场感受孩子们的生活学习状态。每到一处，大家都与这里的老师和"慢天使"们亲切交流，许多同志都主动把孩子们深情的搂在怀里，让孩子们感受到关爱和温暖，现场氛围十分感人，孩子们兴奋的一声声"叔叔阿姨好""谢谢叔叔阿姨"的稚嫩声音让每一位在场的人们为之动容。

"慢天使"们表演了精彩的节目，赢得大家热烈掌声。财贸工会党支部书记张智燕代表全体党员发言，她说：首先，我代表今天来的全体支部党员向贾秀芳董事长致敬，在您身上体现的担当奉献和无私大爱值得我们所有人学习和尊敬；向各位康复老师们致敬，感谢你们用耐心爱心和专业的医术陪伴孩子们成长；向所有的孩子们致敬，感谢你们的顽强毅力和张张笑脸，带给我们的阳光和自信，相信在"贾妈妈"和各位老师的呵护下一定能够早日康复起来，希望孩子们坚定信念，快乐地成长，衷心祝愿你们的明天越来越好！贾秀芳董事长表示，非常感谢工会组织一直以来的支持和鼓励，自己一定会继续关心帮助贫困群体，继续关爱这些孩子们。她动情地说："上辈子我就是个将军、这些孩子就是我的卫兵，他们为了保护我受到了伤害，这辈子我有责任去守护他们，把康复中心一直办下去，让他们生活无忧快乐幸福"，听到这深情的表达，很多同志流下了热泪。

此次支部党日活动，是今年省总工会加强机关党的建设，开展志愿者活动、关爱弱势群体系列活动之一，大家纷纷表示，来康复中心能够净化心灵、陶冶情操，这是一次非常有意义的主题党日活动，为我们上了一场特殊的党性教育课。

（资料来源：黑龙江工会微信公众号，2019 年 3月 24 日）

案例九：团市委①机关党支部积极开展"不忘初心、牢记使命"11月主题党日活动

2019年11月14日，团市委机关党支部积极开展"不忘初心、牢记使命"11月主题党日活动，活动由团市委副书记、机关党支部书记郑敏主持，团市委党组书记、书记张柱以普通党员身份参加了主题党日活动。

此次主题党日活动分为五个阶段进行，第一阶段召开团市委机关支部党员大会，会议首先检查了全体党员主题教育学习笔记和心得体会情况，并就支部"党性体检"以及信访工作情况进行了通报，随后由老党员分享"我的入党故事"，机关老党员朱冠民同志分享了自己早年参军，面临条件艰苦、水土不服等生活困难，在部队老班长的关心和帮助下克服困难、勤奋学习、努力工作最终光荣入党，30多年来，通过把老班长的精神品质作为标杆和旗帜，激励自己初心不忘努力前进的故事。

第二阶段开展了"我与党旗合个影、我与党旗说句话"活动，每名党员把对党想说的心里话举在胸前，在与党旗合影中记录下自己对党的心声和承诺。

第三阶段召开了团市委机关党支部对照党章党规找差距检视问题专题会议，支部书记带头作表率，全体党员按照要求认真查摆了个人在党员意识、担当作为、服务群众、遵守纪律、作用发挥等方面的差距和不足，一条一条列出问题，一项一项制定整改措施。

第四阶段由支部书记郑敏上党课。郑敏同志结合自身成长经历和团市委工作实际，为全体党员上了一堂生动而又具有启迪意义的党

---

① 指的是安徽省六安市委。

课，围绕"四个讲清楚"，以"守初心、担使命，坚定做好新时代共青团和青年工作"为题，着力从四个方面作党课报告：一是谈自己关于主题教育的一点学习体会；二是谈对初心和使命的感悟；三是谈新时代共青团和青年工作存在的问题；四是谈关于做好新时代共青团和青年工作的几点认识和思考。

第五阶段召开了团市委机关党支部"不忘初心、牢记使命"11月主题党日活动学习交流会。支部书记郑敏围绕学习十九届四中全会精神的感悟和结合党支部"党性体检"，交流了如何加强党支部政治建设；其他党员结合学习感悟以及对照党章党规找出的差距和不足，针对如何把整改成效体现在干好本职工作，为人民服务上进行了交流发言。

最后，张柱指出，团市委机关党支部要通过此次主题党日活动，认真开展"党性体检"，坚持立行立改，制定具体整改措施，进一步加强机关党建规范化建设，转变工作作风；机关全体党员要对标问题不足，进一步提升自身修养和能力素质；要发挥支部战斗堡垒作用、党员先锋模范作用以及青年突击队作用，积极探索共青团参与社会治理新路径，坚持"可为、有为、应为、作为"的工作原则，全面提升我市共青团工作水平再上新台阶。

（资料来源：六安共青团微信公众号，2019年11月15日）

案例十：加强党建引领，促进商会发展

——市①工商联机关党支部"不忘初心、牢记使命"主题党日活动

为深入学习贯彻习近平新时代中国特色社会主义思想，紧扣

---

① 指的是广东省东莞市工商联。

"守初心、担使命，找差距、抓落实"总体要求，结合工商联所属商会改革和发展的实际，根据《市工商联开展"不忘初心、牢记使命"主题教育实施方案》，2019年10月8日，市工商联机关党支部和市女企业家商会党支部联合开展"加强党建引领，促进商会发展"主题党日活动。市委统战部副部长、市工商联党组书记陈国良，市工商联党组成员、副主席张军民，市工商联党组成员、副主席、机关党支部书记李月嫦及机关党支部全体在职党员参加了活动。

活动分为爱国主义影片观影及"不忘初心、牢记使命"主题调研座谈两部分。上午，集体观看国庆献礼片《我和我的祖国》。影片以时间为轴线，呈现了新中国成立70年来，不同时代、身份和职业的人身处七个祖国大事件的经典瞬间，讲述了大时代下的人民与祖国同呼吸、共命运，共同团结奋斗、共同繁荣发展的动人故事。通过观影，各位党员深深感受到祖国的日渐强大，进一步激发了爱国情怀，牢记中共党员的初心和使命，通过每一个人的奋斗促进祖国富强，促进民族复兴。

观影结束后，张军民同志传达《关于促进工商联所属商会改革和发展的实施意见》文件精神，双方召开"不忘初心、牢记使命"主题调研座谈会。会上，李月嫦同志领学《习近平关于"不忘初心、牢记使命"重要论述选编》有关章节，张军民同志传达《关于促进工商联所属商会改革和发展的实施意见》文件精神，市女企业家商会党支部3名党员代表分别作主题发言。

随后，双方围绕商会组织建设情况、商会近年来工作情况及成效、东莞"非公经济50条"在会员企业落实情况、中美贸易摩擦对会员企业经营发展的影响等内容以及发展中遇到的困难等问题进行座谈交流，充分听取意见和建议。

会上，市女企业家商会会长方桂萍表示，东莞市女企业家商会多年来，坚决听党话、跟党走，努力把党的理论优势转化为企业的发展优势，把党的组织优势转化为企业的人才优势，把党的制度优势转化为企业的管理优势，让企业发展登上新台阶。党建共建活动，提升了商会党员思想成长和家国情怀的格局，让女企业家找到了奋斗的力量和方向。

最后，陈国良书记表示本次主题党日活动很有意义，与所属商会党支部党建共建是一种值得推广的创新形式，贴近时代需要，也贴近党员思想、学习、工作、生活实际，希望各位党员通过本次主题党日活动，能够理论学习有收获、思想政治受洗礼、干事创业敢担当、为民服务解难题、清正廉洁作表率。同时，他对女企业家商会的发展提出三点建议：一是要适应形势，加强商会自身建设；二是要立足实际，做好会员服务工作；三是要不忘初心，积极履行社会责任。

（资料来源：东莞工商联微信公众号，2019 年 10 月 9 日）

第九章　流动党员党支部主题党日活动案例

　　加强和改进流动党员管理，是新形势下保持共产党员先进性、提高党的执政能力的一项重要任务。加强对流动党员的管理，使他们在流动中能够继续参加党的组织生活，接受党组织的教育、管理和监督，在新的岗位发挥先锋模范作用，是党员教育管理面临的新课题。

　　在社会转型期，一切社会要素流动加快，流动党员的数量在不断攀升，流动的范围也在不断扩张。据统计，截至 2017 年年底，全国有流动党员 201.1 万名，占党员总数的 2.2%。流动党员流动速度快、分布地域广，给各基层党组织工作带来了新的挑战。

　　党的十八大报告强调，要"改进对流动党员的教育、管理、服务"。十九大通过的《党章》在党的基层组织的基本任务中强调，"加强和改进流动党员的管理"。中央的部署要求，为加强流动党员教育管理指明了方向。2018 年《中国共产党党支部工作条例（试行）》专门规定"流动党员党支部的重点任务"，即："组织流动党员开展政治学习，过好组织生活，进行民主评议，引导党员履行党员义务，行使党员权利，充分发挥作用。对组织关系不在本党支部的流动党员民主评议等情况，应当通报其组织关系所在党支部。"这为流动党员党支部开展好支部工作提供了遵循，指明了重点。

　　进入新时代，流动党员仍然存在诸如流动党员身份难确认、常态化有效管理无法及时跟进以及流动党员素质参差不齐等问题。长此以往，就会造成流动党员身份模糊，党性意识弱化，个别党组织对流动党员管理思想上不重视，其作为党员的先锋模范带头作用愈难以展现。

针对这些问题，在实践中，各地以健全落实主题党日为切入点，积极探索创新流动党员的组织生活和政治生活的举措，形成了许多有益的实践成果。"高飞不断线，离乡不离党""流动先锋"等案例，就是这些创新实践的典型代表。不仅如此，这些案例坚持问题导向，有的立足本地流动党支部实际创新形式，创办党员就近学习的党群服务中心；有的结合形势发展丰富手段，有效借助微信等社交平台开展主题党日，有效破解了流动党支部面临的一些难题，真正让主题党日活起来，让组织生活"火"起来，为各地进一步加强流动党员主题党日创新实践提供了宝贵经验。

案例一："勿忘国殇、强我中华"

——记金溪县流动党员北京党支部与北京金溪企业商会联合组织纪念七七事变主题党日活动

为继续推进党支部年度党建任务，落实以"不忘初心、牢记使命"的主题教育活动，在喜迎建党 98 周年暨新中国成立 70 周年之际，金溪县流动党员北京党支部与北京金溪企业商会联合组织纪念七七事变主题党日活动，感悟党的光辉历程，凝聚新时代党员的奋进力量。

2019 年 7 月 7 日上午九时许，金溪流动党员北京党支部的党员们胸佩党徽，面向鲜艳的党旗肃立，高举右手，握紧拳头，在支部刘国平书记的带领下，由胡小薇同志领誓，一字一句，满怀激情，铿锵有力、齐声跟读，重温入党誓词仪式。这是党员们再一次站在党旗前的庄严承诺和坚定决心，是牢记不忘初心的责任和使命。

随后，支部召开"庆七一、纪念七七事变 82 周年"党建交流座谈会，刘国平书记主持会议。

首先，他代表党支部领导班子向各位党员同志，致以节日的问候和亲切的慰问并对长期支持党支部工作的同志们，表示衷心的感谢！

刘书记简要介绍了支部在第二季度开展党建工作的组织情况，要求大家高质量推进支部主题党日活动，继续深入传达贯彻省、市、县各级党组织下发的系列政策精神，开展好"不忘初心、牢记使命"主题教育活动。

他特别强调，党员同志的责任与义务担当，要认识到组织生活会的重要性，要不断实现支部党建的创新，介绍了支部与金溪北京企业商会联合组织活动的意义，勉励支部党员们提高认识，不忘初心，以身作则，做奋进时代的先锋力量。

下午 14 点，金溪流动党员北京支部与北京金溪企业商会一同参观位于丰台卢沟桥的中国人民抗日战争纪念馆。

参观前，小雨淅沥，仰望天空似乎笼罩着一层雾纱，拾阶而上，走进中国人民抗日战争纪念馆，82 年前的七七事变怎能忘却，一张张厚重历史感的照片、一件件岁月的抗战实物，显得更加沉重，牢记历史、勿忘国耻，震撼、洗礼心灵。

为组织好本次联合活动，金溪北京支部书记刘国平与北京金溪企业商会黄坤会长，一起认真谋划，讨论确定活动的路线、议程、人员、主题内容等。

将支部主题党日活动与企业商会活动有效结合起来，是支部成立以来的首次联合举办活动，是一次党建的大胆创新，大大扩大主题党日活动的群众吸引力与影响力。

7 月 7 日，是七七事变暨全民族抗战爆发 82 周年的纪念日。

组织北京的金溪乡贤们到中国人民抗日战争纪念馆参观，隆重纪念七七事变 82 周年，是深入推进每个党员始终"不忘初心、牢记使命"的责任担当，也是时刻提醒我们每一个人，勿忘历史的时代责任。

党支部联合北京金溪企业商会组织活动，是党支部联系群众的一次重要体现，是对北京金溪企业商会健康发展的有效推进，有力提升企业商会的政治站位与社会影响力的同时，增强商会企业家的政治思想觉悟，自觉向党组织靠拢，发挥我党在企业商会中的凝聚力、向心力，与坚定的党建引领作用，体现新时代金溪人爱党、爱乡、奋发有为的精神风貌与时代责任。

感悟、崇敬革命先辈们抗敌的不屈精神，深刻认识到中华民族历经沉沦与抗争、奋斗与崛起的艰辛历程。面对新时期，作为一名共产党员，要明白自己的责任担当，勿忘国殇，在前进的路上，奋发图强，致力实现民族复兴的伟业。

回望党走过风风雨雨的 98 年，为人民谋幸福的初心不变，为民族谋复兴的初心不变！作为党支部，要继续以党建引领，成为坚强的战斗堡垒，作为党员，要继续成为一面旗帜，发挥先锋模范作用，为新中国成立 70 周年献礼！

本次纪念活动的举办，体现出党支部接地气，发挥凝聚人心的作用，继续当好广大金溪乡贤的贴心人、带头人和主心骨，继续发挥支部党组织战斗堡垒的作用。

（资料来源：金溪县流动党员北京支部党员之家微信公众号，2019 年 7 月 9 日）

案例二：离乡不离党，流动不流失

——江西省宜春市宜丰县驻沪流动党员开展主题党日活动

近日，宜丰县驻沪流动党支部组织开展"不忘初心、砥砺前行"主题党日活动。

宜春市驻沪联络处张园园、傅恒，上海市宜春商会秘书长曾建华，上海市振兴江西促进会宜丰联谊会秘书长龚望林等同志参加此次活动，活动由党支部副书记易稳成主持。

总结表扬振奋人心

活动在国歌中拉开帷幕，聂庆峰书记带领全体党员重温入党誓词，并对新冠肺炎疫情防控中先锋模范作用发挥明显的党员进行表扬。

随后，聂庆峰总结回顾了上半年的党建工作，并对下半年工作作了部署安排。

精彩党课凝聚力量

党支部特别邀请社区党校讲师张连喜主讲《逐梦前行，走向辉煌》专题党课。他从中国共产党诞生的历史背景，历次党代会重点、丰功伟绩，实现伟大复兴，党史与新中国史给我们的启示与教育，不忘初心使命、砥砺前行奋斗 5 个版块，作了深入浅出的宣讲。

张连喜强调，入党积极分子虽未进党的门、但要先做党的人，早日站在光辉的党旗下。希望党员同志们要有山一样的崇高信仰，要有海一样的为民情怀，要有铁一样的责任担当，要有火一样的奋斗激情。

参观学习信心倍增

参加主题党日活动的党员们前往梅陇镇党群服务中心学习观摩，就因地制宜搭建"两新"企业党组织与梅陇镇社区党建形式多样的交流平台，公益活动、相互启鉴等共同关心的话题进行探讨交流。驻沪联络处张园园表示，目前，流动党员中年轻党员比例较大，"80后""90后"党员超过总数 1/3。要重视抓好新生代党员的初心问题，让他们始终牢记党的根本宗旨、继承发扬党的优良传统。秘书长曾建华谈到，刚刚结束的十一届上海市委九次全会，对新时代上海构建人民城市的新使命作出全面部署，在源源不断激发整座城市中的宜丰、宜春的新上海人参与建设、发展、治理的激情与活力。要让宜丰人民向往上海这座美好大城市、汇聚到这座美好大城市，在成就梦想的同时共建美好城市，不断提升中国特色社会主义城市的世界影响力，让中国特色社会主义在上海这座城市展现更加蓬勃的生机和活力。

活动结束后，大家纷纷表示，全体党员初心向党、信念弥坚，是确保党的先进纯洁、实现党的事业高质量发展的"密码"。只有广大党员都把党的初心内化于心、外化于行，才能汇聚起 9000 多万颗"初心"迸发的磅礴力量，推动党和人民事业接续奋进、代代相传！

（资料来源："宜丰党建微平台"公众号，2020年 7 月 20 日）

案例三：四川省宜宾市江安县北京流动党员党支部开展抗美援朝军事展览主题党日活动

2020 年是中国人民志愿军抗美援朝 70 周年。为加强党支部全体党员同志对党史、国史、军史的教育与学习，铭记光荣历史，传承军人精神。近日，江安县北京流动党员党支部组织全体党员前往中国人民革命军事博物馆开展以参观"铭记伟大胜利，捍卫和平正义——纪念中国人民志愿军抗美援朝出国作战 70 周年主题展览"的主题党日活动。

进入军事博物馆，党员同志们被庄严而又肃穆的氛围所包围，怀着崇敬的心情，认真听取讲解人员讲解，并仔细观看陈列的图片、文物和介绍材料，在 100 幅印有抗美援朝战争期间志愿军部队番号的战旗下，在黄继光、邱少云等战斗英雄的遗物前，在鏖战长津湖、血战上甘岭等复原战斗场景处，党员同志们多次驻足思考，仔细端详，交流参观学习的感悟，沐浴着志愿军将士英雄气概和不畏强敌、制胜强敌的精神洗礼，仿佛一起回到了 70 年前那场反侵略战争中，见证那段荡气回肠的历史岁月。

参观学习后，党员同志们倍感振奋，热情交流和探讨了新时代作为一名党员应该肩负的职责和使命。"以前了解抗美援朝是通过书本、影视，停于表面。通过这次参观展览，才有了深入去了解那些跟我们一样的年轻人，是如何不畏艰险勇往直前。这样的感触，太深刻了。""抗美援朝所展现的，是我们中国军人英勇顽强、不畏艰苦的精神，值得我们每位党员去进行学习和体悟，这些优秀的志愿军战士们，永远是我们心里最可爱的人，他们身上不畏艰险、保家卫国的决心，激励着我们每一个人积极投入到祖国的建设与发展中。"

习近平总书记指出，我们要铭记抗美援朝战争的艰辛历程和伟大胜利，弘扬伟大抗美援朝精神，雄赳赳、气昂昂，向着全面建设社会主义现代化国家新征程，向着实现中华民族伟大复兴的中国梦继续奋勇前进。通过参观学习，全体党员同志一致表示：要充分发扬抗美援朝精神，在新的时代面对新的挑战，要敢于拼搏、善于拼搏。要更加自觉地继承和弘扬伟大的抗美援朝精神，进一步增强"四个意识"，坚定"四个自信"，坚决做到"两个维护"，以革命前辈的伟大精神激励自己，不断加强理论修养，发扬不怕吃苦、自强不息的毅力和精神，将爱国之情、报国之志转化为担当作为、爱岗敬业的自觉行动，为全面建设社会主义现代化国家，贡献出一份自己的力量。

（资料来源：宜宾江安网，2020 年 12 月 14 日）

案例四：中共淅川县①驻京党支部举办 "牢记初心使命跟党走" 主题 党日活动

2019 年 12 月 26 日下午，由中共淅川县驻京流动党支部组织，南阳驻京党工委协同南阳部分县市驻京党支部创业流动党员、预备党员，举办"牢记初心使命跟党走"主题党日活动，走进中国人民解

_____

① 指的是河南省南阳市淅川县。

放军三军仪仗队营区、生活宿舍区，感受部队军营文化氛围，参观了三军仪仗队队史陈列馆、观看了宣传片。

在讲解员引导下，南阳市驻京党工委书记高远志一行人首先来到三军仪仗队二中队的宿舍参观。走进营房看到室内桌椅、床铺摆放整齐整洁，每个战士的被叠放成标准"豆腐块"形状，生活的细节处处体现战士们的严谨自律与政治素养，展示了仪仗队战士们良好的生活环境和干净整洁的内务。

在三军仪仗队队史馆，讲解员生动地介绍了三军仪仗队的发展历史、为国家作出的巨大贡献。从训练场到营房再到珍贵的视频资料，大家被仪仗队官兵们严明的纪律组织性、威武雄壮的精神面貌、坚忍不拔的气质和崇高的荣誉感深深地震撼与感动，镜头一分钟，背后万步行。镜头里的飒爽英姿，世人为之欢呼喝彩，背后是年复一年，日复一日，冬练三九，夏练三伏，不分春夏秋冬的训练，这份坚韧的军人意志，彰显的是中国军人的形象。战士们在单调的训练中操练同样的动作，背后的付出是我们难以想象，战士们不折不扣的执行力更值得我们学习。

通过此次主题党日活动，走进官兵们的工作和生活，与官兵们零距离接触交流，体验部队军事化生活，进一步增强了责任感和使命感，使在京流动党员们对三军仪仗队队员展现出来的精神面貌感到由衷地钦佩，纷纷表示在以后的工作中要不忘初心牢记使命跟党走，发扬三军仪仗队的奉献精神，增强国防意识和使命意识，要以此次主题党日活动为新起点，进一步增强党性修养，坚定理想信念，在推进"两学一做"制度化、常态化的进程中，增强"四个意识"、坚定"四个自信"、做到"两个维护"，不断提高政治判断力、政治领悟力、政治执行力。要发挥出流动党支部的堡垒作用和党员的先锋模范作用，增强党支部的凝聚力和战斗力。流动党员带头做好本职工作，为企业创造价值，为京浙两地经济发展作出自己应有的贡献。

（资料来源：中共淅川县驻北京流动支部委员会，2020 年 12 月 18 日）

案例五："离乡不离党，流动不流失"
——华溪镇①流动党员"云上党支部"开展主题党日活动

2020 年 4 月 29 日晚，华溪镇通过钉钉 APP 开展流动党员"云上党支部"主题党日活动。全镇 22 名流动党员，镇机关党支部、青年人才党支部 19 名党员参加活动，镇领导班子成员以普通党员身份参加活动。

会上，全体党员重温了入党誓词，镇流动党员"云上党支部"书记夏云骏详细介绍了流动党员"云上党支部"的党员组成、支委设置等基本情况。

随后，镇党委副书记李俊围绕华溪镇经济社会发展、脱贫攻坚工作情况、流动党员"云上党支部"工作机制等三个方面为参会党员讲授了一堂生动的微党课。

会议要求全体流动党员，要深入学习贯彻习近平新时代中国特色社会主义思想，自觉牢固树立"四个意识"、坚定"四个自信"，坚决做到"两个维护"；要始终"不忘初心、牢记使命"，自觉以合格党员标准严格要求自己，勇于亮身份、做表率，切实发挥好先锋模范带头作用；要克服工学矛盾，积极参与"云上党支部"组织生活，做到沟通联系常态化、组织生活制度化、学习提升长效化；

---

① 华溪镇隶属于云南省玉溪市华宁县。

要时刻关注华溪变化，认清华溪发展形势，积极为华溪的发展建言献策，为加快推动华溪乡村振兴"添砖加瓦"，成为一面面流动的红旗。

此次活动作为华溪镇加强和创新流动党员管理，搭建流动党员学习教育平台的一次尝试。下一步，华溪镇将建立完善流动党员"云上党支部"工作机制，充分利用互联网载体，突破传统单位、时间、地域的限制，开展网上互动学习、网上组织生活，进一步加强流动党员的教育管理，确保党员流动"离乡不离党，流动不流失"。

活动结束后，流动党员们纷纷在支部群里发言，交流自己今天参加主题党日的心得体会。大家都表示以这样的方式参加主题党日活动让他们感受到了家乡党支部的关心，了解了家乡的发展和变化，希望与家乡人民共同努力、共同成长。

（资料来源：华溪发布微信公众号，2020 年 4 月
29 日）

案例六：北京国际交流协会与北京房地产学会流动党员联合党支部开展"弘扬廉洁奥运精神　奥森金秋健步走"主题党日活动

丹桂飘香，天高云淡，北京国际交流协会与北京房地产学会流动党员联合党支部于 2020 年 10 月 30 日组织 7 名党员及群众开展"弘扬廉洁奥运精神　奥森金秋健步走"主题党日活动。

位于奥林匹克森林公园内的廉洁奥运主题文化园，是全国唯一以廉洁奥运为主题，集奥运文化和廉政文化为一体的廉政文化研究和活动阵地，包括室外展线及廉洁奥运主题展馆两部分。室外展线由"阳光——感受盛世奥运""奋斗——回首奥运建设历程""清风——开展廉洁教育""向上——体会奥运辉煌"4部分组成。廉洁奥运主题展馆内陈列了大量北京奥运会筹办期间的珍贵资料，详细展示廉洁奥运工作的实施过程及基本经验。

支部党员、群众通过参观北京奥运会申办成功、筹建、赛事举办时间轴上的图片和实物，了解到奥组委、奥监委和各级党委、政府全面贯彻落实中央要求和部署，认真履行职责，对奥运会筹办进行了全方位、全过程、全覆盖监督，确保了整个奥运筹办工作公开透明、规范有序、廉洁高效，创造了宝贵的廉洁奥运经验，实现了廉洁奥运的目标。

本次参观为支部党员和群众提供了一次回顾廉洁办奥运的理念和经验的机会，同时增强了廉洁自律意识。大家均表示，参观时间虽然时间不长，但是内容丰富、效果明显。在今后的工作中，要切实增强法纪意识，筑牢思想道德防线，促进基层党风廉政建设，共同营造风清气正的良好氛围。深秋的奥森公园景色优美，在明媚的阳光下，满眼尽是金黄色和深红色，置身其中别有一番美感。大家以饱满的热情、健康活力的精神风貌投入到随后举办的健步走活动中，大步走在奥森公园健步道上，与森林公园的深秋红叶、林中鸟语相映成趣，身心在优美闲适的环境中得到充分放松。

健步走活动使大家放松身心，拥抱大自然，引导大家培养良好的健康生活习惯，不断提升身心素质。同时，此次活动展示了支部党员和群众积极乐观的生活态度，大家纷纷表示参加此次活动进一步增进了与同事之间的沟通和交流，有助于增强支部凝聚力与向心力。

（资料来源：北京国际交流协会微信公众号，2020年10月30日）

案例七：广州市人力资源和社会保障局市场中心流动党员党支部组织开展主题党日活动

为深入学习贯彻习近平新时代中国特色社会主义思想和党的十九大精神，追忆建党历程，加强党员党性修养，结合"不忘初心、牢记使命"主题教育活动，2019 年 6 月 16 日星期天上午，市场中心流动党支部联合退休党支部、中心党支部党员代表，以及中心团支部团员代表在广州团一大广场开展了主题党日活动。

——别样党课增党性。活动当天，流动党员甘永乐同志作为广州团一大志愿服务驿站站长，带领大家参观了团一大广场的主雕塑，围绕"青春汇洪流""群英聚东园""立纲铸伟业""先驱连工农"等主题，介绍了团一大旧址历史，娓娓道出了中国共产党领导下的中国共青团在近现代革命历史中的重要地位，激励着中心党员、团员们切实增强使命感和责任感，始终牢记初心与使命，用实际行动实践自己的青春誓言。

——重温誓词强信念。在广州团一大广场上又一次传出了铿锵有力的宣誓声。每一名党员面对党旗，重温入党誓词，这 12 句话 80 个字的铮铮誓言，让大家顿时热血沸腾，铭记着革命先辈的奋斗历程，从党的光辉历史中汲取奋进的力量，进一步增进了对党的情感，又一次接受了党性教育和思想洗礼。宣誓仪式结束后，中心党员畅谈感想纷纷表示，通过回顾党的历史和重温入党誓词，再次提醒了党员肩负的职责使命。在今后的工作和学习中将不断增强党性观念，坚定理想信念，践行党员标准，做到心中有理想，行动有方向，以实际行动为党旗增光添彩。

　　——交流互学共提升。随后，党员们互相交流了学习体会，流动党员们分享了对正在开展的"不忘初心、牢记使命"主题教育活动的认识，认为中国共产党之所以能够历经苦难成就辉煌，很重要的原因就是我们党始终重视和坚持思想建党、理论强党，开展主题教育是时代所需、正逢其时。退休党员们表示，虽然自己已经退休，但仍要坚持学习习近平新时代中国特色社会主义思想，牢固树立"离岗不离党，退休不褪色"思想，始终保持共产党员的本色。中心在职党员们也表示，开展主题教育要在深入学习上、在解决问题上下功夫，自觉地学、思考着学、带着问题学，边学边解决问题，不断用习近平新时代中国特色社会主义思想武装头脑、指导实践、推动工作，积极发挥党员的先锋模范作用。

　　　　　（资料来源：广州市人力资源和社会保障局政务网，2019 年 6 月 28 日）

第十章　离退休干部职工党支部主题党日活动案例

　　离退休干部（职工）党组织是党联系老同志的桥梁，是老党员履行党员权利和义务，实现人生价值的主阵地，是联系和服务群众的桥梁和纽带，是离退休干部发挥政治、经验、威望优势的重要平台。加强离休干部（职工）党支部建设，是新时代党的基层组织建设的重要组成部分，也是新时代做好老干部工作的重要环节，更是离退休老党员自我教育、自我管理、自我服务、自我提高的有效途径。

　　2006 年 5 月，中共中央组织部印发了《关于进一步加强和改进离退休干部党支部建设工作的意见》，着眼于新形势新任务对离退休干部党支部建设工作的新要求。2008 年全国组织工作会议、全国老干部局长会议对当前和今后一个时期离退休干部党支部建设提出了新的要求。近年来，离退休干部党支部工作总体是好的，但与新形势、新任务、新要求相比，离退休干部党支部建设中也出现了党员难集中、党费难收缴、活动难开展问题，其主要表现在以下几个方面：一是离退休党员年龄偏大，患病多，活动出勤率下降。二是活动场所有限。当前局机关搬迁后与离退休干部住所距离较远，进一步凸显党员难集中的困难，加之党员活动场所面积小，难于满足活动需要。三是党组织活动形式呆板，内容单一。当前，离退休干部党支部活动多局限于学文件、读报纸、座谈交流等，缺乏"走出去、请进来"的做法，在一定程度上影响了主题党日的有效开展。

2016 年，中央办公厅、国务院办公厅印发《关于进一步加强和改进离退休干部工作的意见》，对加强和创新离退休干部党组织建设提出了要求。党的十九大报告把"认真做好离退休干部工作"作为加强党的建设的重要内容进行重点部署。这进一步明确了离退休干部工作的党建属性，为做好新时代离退休干部工作指明了方向。2018 年《中国共产党党支部工作条例（试行）》进一步明确了离退休党支部的重点任务：宣传执行党的路线方针政策，根据党员实际情况，组织参加学习，开展党的组织生活，听取意见建议，引导他们结合自身实际发挥作用。

在实践中，各离退休干部（职工）党支部结合新时代党支部的重要任务和作用，积极探索有效开展主题党日的方式。本篇选取的案例中，各地离退休干部职工党支部不断创新主题党日开展方式，探索出了组织党员参观红色文化、参与公益活动、现场观摩等动态方式，增强了主题党日活动的凝聚力和吸引力，有效借助互联网平台，建立微信群，畅通了沟通的渠道，克服了人员分散，联络不方便的困难。

案例一：财政部离退休干部局展览路党支部开展"讲传财政故事，增强使命担当"主题党日活动

财政部离退休干部局展览路党支部，坚持以习近平新时代中国特色社会主义思想为指导，认真贯彻新时代党的建设总要求，充分发挥党支部的政治功能和战斗堡垒作用，注重强化政治引领，聚焦宣讲财政政策新成就、回顾财政光荣历史、传承财政优良作风，策划开展主题党日活动。

2019 年 9 月 5 日，党支部开展"讲传财政故事，增强使命担当"主题党日活动。党支部书记丁允衍传达局党委形势政策教育讲座内容，原财政科学研究所退休干部许陵、退休干部郭和平、支部委员陶汪泓分别作"讲传财政故事"主题宣讲，与展览路党支部结对联学的德宝党支部有关同志一起参加了活动。

生日祝福　传递组织温暖

向老同志祝贺生日是展览路党支部每次组织生活或主题党日活动的保留节目。9 月 5 日的主题党日活动上，丁允衍同志代表党支部向 9 月份过生日的老同志送上了浓浓的生日祝福。孙德楣、焦瑞杰、赵文仲、朱振民、郭和平、王永仁、王瀛、张润京、张旭 9 位老同志，虽然出生在不同的年代，有着不同的人生经历，但在主题党日活动中，与会老同志深切感受到了来自党组织的关怀和温暖，共同度过了一个温馨欢乐的集体生日。

集体学习　保持思想常新

丁允衍同志传达 9 月 2 日离退休干部局党委（扩大）会议精神，重点集体学习了局党委邀请时任综合司司长曾晓安所作的《当前财政经济形势与财政政策》专题讲座内容。

曾晓安同志讲座中运用大量的数据和例证，分析了当前宏观经济总体运行态势，介绍了经济运行继续保持在合理区间、延续总体平稳、稳中有进的发展态势，强调经济稳中向好、长期向好趋势不会变；从税收收入"减到位"、非税收入"收到位"、财政支出"保到位"三个方面，介绍了财政收支"减收增支"的情况；从不折不扣减税降费、发挥地方政府债券作用、优化财政支出结构等方面，介绍了实施积极财政政策的背景、内涵、具体做法及财政政策加力提效取得的积极成效，并联系财政收支形势，围绕高度关注风险防控，充分考虑经济发展水平和财力状况确保财政可持续，谈了对下一步财政政策基调的认识和思考。

支部广大老同志虽然已离开工作岗位，但始终关心经济形势、关注财政工作，通过丁允衍同志的传达学习，支部老同志进一步加深了对积极财政政策和当前财经形势的了解，为财政工作在经济社会发展中发挥的作用和取得的成绩感到由衷高兴和自豪。

主题宣讲　传承财政作风

在主题宣讲环节，原财政科学研究所退休干部许陵应邀以《华北人民政府财政部进入和平解放后的北平》为题为老同志们讲述财政故事，重点回顾了华北人民政府财政部在北平和平解放后开展物资接管工作的情况。她讲到，1948 年秋华北人民政府财政部成立，工作人员有四五十人，北平和平解放后，北平物资接管委员会主任由叶剑英同志兼任，日常事务主要由时任华北财政部长戎子和同志负责。物资接管委员会落实毛泽东主席的指示要求，充分考虑北平的复杂形势，加强调研和前期准备工作，创新接管方式方法，在清理、接收物资的同时，把主要力量放在恢复生产和一切经济活动上，既确保人民基本生活物资的供应，安定了民心，又迅速恢复生产，医治了战争创伤，经过 6 个多月日夜奋战，圆满完成了党中央交付的艰巨任务。戎子和同志后来回忆这段工作时写道："物资接管委员会的工作，从 1948 年 12 月 17 日开始，到 1949 年 5 月结束为止，共 6 个多月。在这 6 个月中，我们执行了党的政策，完成了接管任务，对每一个参加接管的同志来说，是一个锻炼，也是一个提高。我认为这一段经历，是值得纪念的。"

支部老同志郭和平结合局党委"讲传财政历史"专题讲座内容，介绍了新中国十三任财长的理财思想和优良作风，分享了对新中国财政在国家从"站起来""富起来"到"强起来"发挥的重要作用的认识和体会。支部委员陶汪泓以《我眼中的共和国财政》为主题，通过回顾父辈在财政工作中的点滴小事，表达了对老一辈财政人的崇高敬意。

3位老同志口述财政故事，在老同志中引起强烈共鸣，大家共同追忆往昔工作经历，畅谈老一辈财政人的优良作风，表示在新时代要将这种作风传承下去，在维护党的领导、落实党的决策、支持财政事业发展方面继续积极发挥正能量。

展览路党支部"讲传财政故事，增强使命担当"主题党日活动，既注重顺应老同志关心财政经济工作的需求，集体学习了解新时代财政政策和重要成就，让老同志们紧跟形势、思想常新，又充分发挥老同志政治、经验和威望优势，在回顾财政历史的过程中，进一步传承和弘扬老一辈财政人的优良作风，将政治引领、形势教育、作风传承融入到基层党建工作中，增强党日活动的政治性、吸引性和教育性，同时，创新支部主题党日活动内容、形式，精心制作党日活动学习和宣讲PPT，会上演示增强学习效果，会后通过微信群发布，让身体不便、无法参加集体活动的老同志浏览学习，进一步提升了主题党日活动效果。

（资料来源：财政部离退休干部局，2021年2月4日）

案例二："忆党史，叙初心，传承红色基因"

——上海市杨浦区延吉新村街道离退休党支部

举办"四史"教育主题党日活动

6月，是金黄的季节、是田野里泛着金波的季节、是知了蝉鸣土地孕育的季节。在这样一个收获的季节里，延吉新村街道离退休党支部结合"四史"教育组织开展主题党日活动，区老干部局关工办主任王江南，街道党建办主任周灵出席，街道离退休老干部、街道团员青年逾 30 人参加。

忆党史　赠红书

首先，由杨浦区委党校讲师兰芳老师带来的党课《从毛泽东诗词回望中国共产党艰苦卓绝的奋斗史》拉开了党日活动的序幕。兰老师以毛泽东诗词为主要背景，从悲歌序曲鸦片战争开始，沿着《沁园春·长沙》一路跟到《七律·人民解放军占领南京》，为大家从另一个视角解读了中国共产党从建党到新中国成立的艰辛之路。随后，街道党建办主任周灵代表街道党组织为全体老同志送上"四史"学习书籍，并为过集体政治生日的老党员们一并送上"政治生日贺卡"。

温誓词 忆初心

"不忘初心，方得始终。"老同志们从当年的入党积极分子，到预备党员，再到成为一名正式的党员，都曾宣誓为党为国、为人民，奋斗终身。初心和誓言，是老同志对党和人民做出的庄严承诺，也是党对每一位党员的基本要求。在这次的主题党日中，街道邀请离休第一支部书记曾春景，一位 1949 年 8 月参加革命，曾参加游击战、东三岛挖战壕，并荣获三等功的老革命，带领现场全体党员一同宣誓，重温入党誓词，街道团员青年为老同志高举党旗，一同聆听他们这铿锵有力的誓词。

回望中国共产党这段艰苦卓绝的奋斗史，在座的离退休老同志们感触颇深。在过去的岁月中，老干部们目睹了延吉的成长之路，为延吉今天的睦邻之治奠定了扎实的基础。街道退休党支部支委王鼎安、王芬兰两位老同志结合自身成长经历，分别讲述了"党和我、延吉和我的故事"，与在座党员们共同忆初心、感党恩。

发倡议 践衷心

一直以来，延吉新村街道离退休老干部们为党、为人民而奋斗的入党初心从未改变。在 2020 年这个被疫情笼罩的艰难年份里，借本次主题党日之机，街道离退休党支部的老党员们共同发出"2020 年，我与祖国共克时艰"的倡议，在场全体老党员纷纷上台，签署了这份倡议书，表达了实践为党、为祖国、为人民不懈奋斗的决心。

享甜蜜 庆生日

另外值得一提的是，在政治生日环节，街道的团员青年们为老干部送上了亲手制作的蛋糕。随着一曲生日快乐歌奏响全场，街道团委副书记冯菁领着团员青年们将一起亲手制作的蛋糕缓缓推到台前，区老干部局关公办主任王江南、街道党建办主任周灵与在座老同志们共同上台合影留念。随后，由王江南、冯菁与本次政治生日中71年最高党龄的老党员俞兰英同志共同切下蛋糕，并祝愿老同志们永葆共产党员本色！

最后，街道侨联、民族联的文艺团队也为老同志们带来了政治生日的献礼，表演了舞蹈《再唱山歌给党听》以及合唱《我们共同的家》，为本次党日活动画上了圆满的句号。

（资料来源：上海市杨浦区人民政府网，2020年7月3日）

案例三：江川区离退休党支部①把主题党日融入社区

近日，江川区大街街道上营社区离退休党支部33名党员以及大街下营社区、大街社区、上头营社区、三街社区河咀社区5个党支部的部分党员代表共43人，举行了以"融入社区，退休不褪色，增添正能量"为主题的党日活动。

讲授专题党课，加强党性教育。支部委员作《从疫情防控看中国特色社会主义制度的优越性》专题党课，党课通过我国疫情防控取得的伟大成就与当今资本主义大国对比的手法，歌颂了中国共产党领导下的中国特色社会主义制度的优越性。讲述了上营社区离退休支部党员主动融入社区，在疫情防控中积极带头捐款、维护环境卫生、

① 指的是云南省玉溪市江川区大街街道上营社区。

发放倡议书，宣传政策、劝导小区居民等感人事迹。

党员代表发言，学身边榜样。听完专题党课，党员代表争先发言。上营社区退休老党员业绍明首先发言：我是个有 36 年党龄的退休老党员，亲眼看到祖国的巨大变化，党领导的这次疫情防控措施，我深切感受到我们党的伟大光荣正确，感受到社会主义制度无比的优越性，作为一名从工作岗位退下来的老党员，我将自觉融入社区，服务社区，为社区治理、经济发展，发挥余热，贡献力量。老党员赵学荣发言讲到，我受党组织培养教育多年，自退休以来，我始终以一名共产党员的标准严格要求自己，时常教育子女，要感党恩，跟党走，为国家为人民为社会多作贡献；老党员胡树堂发言讲到，自己是一名书画爱好者，退休以来积极为社区书画爱好者组织书画交流、展览活动，活跃了社区文化生活，为打造社区文化品牌发挥余热，作出应有的贡献。

颁发"政治生日纪念卡"、赠送"红色书籍"，体现组织关心关怀。支部书记为 6 月入党的 5 位老党员颁发"政治生日纪念卡"并赠送"红色书籍"《习近平新时代中国特色社会主义思想三十讲》。老党员刘绍鹏感言道，6 月是我加入党组织的政治生日，感谢党组织的关怀，"组织上入党一生一次，思想上入党一生一世"，虽然退休了，但我要做到退休不褪色，离岗不离党，为党和人民事业奋斗不止。

支部党员承诺，牢记党的宗旨。支部委员代表党支部宣读了《上营社区退休党支部公开承诺书》。要求每一名党员要不忘初心、牢记使命，听党话、感党恩、跟党走，自觉融入社区、服务社区、助力社区治理，增添正能量。

传唱红色歌曲，不忘党的恩情。主题党日活动在高亢的《歌唱祖国》歌声中圆满结束。这次主题党日活动党性突出，"党味"浓厚，有仪式感和庄重感，体现了新时代离退休老党员退休不褪色、离岗不离党，不忘初心、牢记使命的高尚情怀。

（资料来源：玉溪晚晴微信公众号，2020 年 6 月
12 日）

案例四：云南省建筑工程设计院有限公司
退休党支部开展主题党日活动

2020 年 11 月 24 日，建工设计院公司退休党支部开展主题党日活动，公司党委委员、纪委书记林凯，综合办公室副主任、退管会主任朱臣献参加活动，活动由退休党支部书记杨麟森、组织委员关威、宣传委员杨德富一同主持。

活动组织开展学习增强"四个意识"、坚定"四个自信"、做到"两个维护"等党课内容；杨麟森书记代表支委对支部三年来开展的工作进行总结，进一步传达公司党委关于推进退休人员社会化管理的相关内容，发放《民法典》和其他学习读本；林凯书记和朱臣献副主任在听取了大家关于转接党组织关系、退管化工作完成后组织活动如何开展等问题的反馈后，进行了细致解答，老领导、老党员们对退管化工作完成后如何建立联络关系、开展组织活动积极建言献策。

离岗不离党，退休不褪色

"'两个维护'是指坚决维护习近平总书记党中央的核心、全党的核心地位，坚决维护党中央权威和集中统一领导……"桌上的小音箱正在播放党课学习内容，建工设计院公司退休党支部以这样独特的形式开展主题党日活动。

"我们退休党支部共 19 名党员，今天有 17 名党员参加活动"，

退休党支部书记杨麟森一边说着，一边跑上前和来参加活动的党员热情打招呼，大家互相握手拥抱，"我最近长胖了 3 斤""你今天很漂亮啊"……一连串的寒暄带着阵阵欢声笑语。他们平均年龄 75 岁，一部分人行动不便，但仍然积极参加支部活动，他们中有近 90 岁互相搀扶的夫妻、有坐着轮椅来的、有拄着拐杖来的、有家属陪同的、有还在打针看病中的……因为不忘党员这一政治身份、因为心中刻有往日一同奋斗工作的历史印记、因为对企业怀有深厚的眷念之情、因为这个组织的凝聚力、归属感，让大家紧紧地联系在一起。这是退休党支部一次具有重要意义的主题党日活动，随着国有企业退休人员社会化管理工作的推进，他们将以新的方式来开展组织活动。

支部无小事，尽心尽力做实事

2014 年，因为单位搬迁，退休党员分散各处，没有一个可以聚集开会学习交流的场所，给工作开展增加了一定的难度。杨麟森书记说："在院党委的指导下，支委成员进一步认识到退休党支部作为党的一级组织，同时承载着联系退休职工的职责。"支委成员经过多次协商交流，统一思想，探索工作开展方式，努力办好党员的事。首先，建立了微信群，构建党支部与上级组织和党员群众互相沟通的渠道，建立了退休职工、退休党员、支部委员微信群，克服了人员分散，联络不方便的缺点，及时向退休党员传达公司相关工作安排，为大家反映问题、提出意见建议搭建起交流的平台，增强集体感和亲和力。党费的收缴看似是一项简单的工作，但对他们这个年龄段的大部分人来说，并不那么便捷。支部组织委员关威说："党费收缴花费的时间比较长，有的是通过微信，有的是让子女加我的微信转给我，有的我们在支部开展活动的时候进行缴纳"，虽然过程复杂，但是从来没有出错。

支部是堡垒，亦是能量集散地

本届退休党支部委员会于 2017 年 7 月选举产生，工作至今 3 年零 4 个月，组织开展党支部活动 20 余次，在公司党委的带领下，退休党支部充分发挥党组织战斗堡垒作用，充分调动退休党员参与支部活动的积极性、主动性，让他们离岗不离党，退休不褪色。按党章要求，支部积极组织开展主题党日活动，除通过面对面的会议交流学习外，还通过网络学习的方式向支部党员传达贯彻党中央、云南省委以及集团党委和公司党委相关会议精神、文件通知等；同时，大家积极学习操作"学习强国""云岭先锋"等新媒体平台，积极组织学习《中国共产党党支部工作条例（试行）》《中国共产党党员教育管理工作条例》《中国共产党国有企业基层组织工作条例（试行）》等，学习增强"四个意识"、坚持"四个自信"、做到"两个维护"的视频和文件，把党建工作记在心上、抓在手上、落实在行动上。新冠肺炎疫情期间，退休党支部积极发动党员踊跃捐款，为抗击疫情贡献力量，发挥党员先锋模范作用。同时，认真做好党组织的服务工作。

2019 年，正值中华人民共和国成立 70 周年，设计院建院 35 周年，在设计院党委的统筹安排下，退休党支部积极参加，认真协助筹备活动，支部自编自演的《致前进中的建工院》长诗朗诵获得干部职工的高度赞扬，长诗抒发了对企业的深厚情感，寄托了对企业发展的美好祝愿。

（资料来源：云南省建筑工程设计院有限公司微信公众号，2020 年 11 月 25 日）

案例五：江苏省广播电视局离退休干部党支部
　　　　来到丰县开展"我看脱贫攻坚新成就"
　　　　主题党日活动

2020 年是打赢脱贫攻坚、全面建成小康社会和"十三五"规划的收官之年、决胜之年，9 月 10 日至 11 日，江苏省广播电视局离退休老干部党支部一行 14 人来到丰县，开展"我看脱贫攻坚新成就"主题党日活动。

在省委驻丰县帮扶工作队"小黄姜"试验田，秋雨过后，"小黄姜"枝叶上，水珠晶莹剔透，郁郁葱葱的姜苗苗壮成长，绿油油、清爽爽、活脱脱，微风拂过，姜苗轻轻晃动，散发出一种特有气息，是清新，是感动！在小史楼村党支部书记刘庆华陪同下，老干部一行驻足田边，实地查看、详细了解、仔细询问"小黄姜"目前长势、市场行情、药用价值等情况，听取了小史楼村第一书记、省作协帮扶干部汪焰明"我是一名老党员、一名转业军人，在脱贫攻坚最前线有我们一份责任和担当"的帮扶故事。帮扶队员舍小家、为大家，放弃团聚陪伴，坚守扶贫岗位，践行初心使命的精神，深深地感染着现场每位同志。

丰县范楼镇徐工希望小学，地面干净整洁，纤尘不染，学生们的琅琅书声，清脆、悦耳，校园内充满了"静以修身，学以育德""互帮互助，共铺求学路""敬老师，爱同学，关心他人，热爱集体"等温馨话语。在镇宣传委员赵娜陪同下，老干部一行举行了助学活动，捐赠童话、历史、诗歌、自然、历险、古诗等各类少儿读物 450 余册，希望学生们志存高远、好好学习、奋发向上，努力成为"德、智、体、美、劳"全面发展的社会主义接班人。

在省广电局帮扶村徐平楼村，大家实地调研了村班子建设、集体经济、村民增收、基础设施、作物种植等情况，听取了驻村第一书记王建关于加强村级班子建设、建立脱贫反馈机制、如期实现目标任务、深化专业经济合作、后方帮扶资金使用等情况介绍。座谈期间，还慰问了建档立卡低收入农户，仔细询问他们生产生活情况，倾听他们意见建议，叮嘱帮扶队员关心贫困群众生活，常把冷暖放在心上，帮助解决实际问题，改善村民生活条件，并送上了慰问金。

傍晚时分，老干部一行来到丰县融媒体中心，在副主任刘彦陪同下，实地参观了演播室、编辑区、调度平台、安播中心等场所，了解了近年来丰县融媒体中心广播、电视、新媒体平台刊播决战脱贫攻坚、决胜全面小康栏目、专题、系列报道，以及线上线下活动等情况。

炎炎烈日，阳光直射大地，在大沙河镇党委书记戴雪梅、副镇长张立波陪同下，大家参观了大沙河镇知青扶贫产业园、丰县大沙河精神纪念馆，耳濡目染了 1968 年至 1976 年期间，南京、徐州、丰县 600 余名知青来到黄河故道丰县大沙河，与当地干部群众一起，挥洒青春和热血，将百里荒滩变成江苏最大连片果园的奋斗故事。产业园内，一望无际的梨树横竖成行，规整可观，青青的梨子绽满枝头，如云似雪，枝叶随风摇曳，一时微笑拥抱，一时呢喃低语，仿佛向人们倾诉着她那曾经的沧桑和现在的美好。纪念馆里，一幅幅画面、一张张图片、一件件实物告诉了我们，什么叫"自强不息、艰苦创业、无私奉献、争创一流"的大沙河精神。

在大沙河镇水岳人家农房项目现场，远远望去，一排排青砖碧瓦的农房建筑，在阳光照耀下，透出古色古香的江南风韵。从副镇长张立波对村庄建设、百姓生活、土地利用、居民安置、房屋结构等描述中，让人感受到了美丽乡村新画卷。

在"中共丰县县委旧址陈列馆"所在地首羡镇张后屯村，"永远跟党走""忠于祖国　忠于人民""没有共产党就没有新中国"等红色宣传标语沿路可见。大家边走边看，边听边聊，不时询向身边镇党委副书记蒋贤龙、副镇长王一峰，了解村庄建设、百姓生活、土地利用、文物保护、扶贫进展等情况。陈列馆内，伴随着"我爱你中国"音乐旋律，通过一件件感人故事、一组组详实数据、一幕幕历史镜头，以及讲解员声情并茂的讲述，一起聆听了老区军民冲破黑暗，走向光明的铿锵足音，更加理解了党之所以能够领导中国革命从胜利走向胜利，靠的就是坚如磐石的理想信念和心中圣洁的中国梦。

广场之上，烈日炎炎，所有人员面对鲜红的党旗，高举右手，重温了入党誓词，铿锵恢宏的字里行间，掷地有声的阵阵话语，回顾了令人激动的入党时刻，表达了大家牢记党的宗旨，发扬党的传统，履行党的职责，为共产主义事业奋斗终身的理想信念。

江苏省广播电视局作为江苏省"五方挂钩"帮扶协调小组成员单位之一，多年来，利用自身优势，勇担社会责任，助力地方建设，连续选派多名政治素质好、综合能力强、工作作风实的干部担任扶贫队员和驻村第一书记，全力以赴地履行职责使命，保质保量地落实帮扶项目，村容村貌、基础设施、生产生活条件获得明显改善。

（资料来源：中国江苏网，2020 年 9 月 15 日）

案例六：丹阳市[①]人民法院离退休干部党支部开展主题党日

在纪念中国人民志愿军抗美援朝出国作战 70 周年之际，2020 年

---

① 丹阳市隶属江苏省镇江市。

10月20日，丹阳市人民法院离退休干部党支部组织老同志与本支部陆晓龙、查志英、蔡荣生等3位抗美援朝老战士齐聚一堂，聆听老兵战斗经历，追忆抗美援朝、保家卫国的难忘历史，开展"学习和弘扬伟大抗美援朝精神，助力决战脱贫攻坚"主题党日活动。

活动在齐唱雄壮的《中国人民志愿军战歌》中拉开帷幕。

"雄赳赳，气昂昂，跨过鸭绿江……"雄壮激昂的歌声令大家热血沸腾，强烈的爱党爱国激情油然而生。

追忆历史铭初心

支部书记朱钧荣带领老同志学习习近平总书记10月19日在参观"铭记伟大胜利，捍卫和平正义——纪念中国人民志愿军抗美援朝出国作战70周年主题展览"时的重要讲话精神，简述抗美援朝正义出征、艰难历程及取得伟大胜利成果等方面的情况；集中收看《抗美援朝战争》纪录片，重温那段永载史册的历史。老同志纷纷表示，追忆和重温抗美援朝战争史，就是要时刻不忘初心，牢记责任与担当，把余热始终奉献给党和人民的事业。

致敬老兵话祝福

院党组成员、政治部主任、机关党委书记史展为陆晓龙、查志英、蔡荣生颁发和佩戴"中国人民志愿军抗美援朝出国作战70周年纪念章"，送上慰问金，感谢他们为抗美援朝战争的胜利而作出的贡献，祝福他们身体健康、幸福安享晚年。他希望大家向三位老兵学习，传承和弘扬舍生忘死、保家卫国的抗美援朝精神，发挥专长优势，为实现中华民族伟大复兴的中国梦和建设人类命运共同体贡献智慧和力量。

回忆起那段终生难忘的经历，陆晓龙难抑激动之情，激情讲述战斗的惨烈和艰苦，他说，抗美援朝的胜利是无数个黄继光、邱少云、杨根思等英雄用鲜血和生命换来的，比起牺牲的战友，还能够生活在这个新时代，自己倍感幸福。

传承精神再出发

10月22日，朱钧荣等一行4人赴市人民法院结对帮扶的陵口镇新庙村走访慰问了10户贫困家庭，送上慰问金，鼓励他们克服困难、早日脱贫。老同志们还深入结对共建的凤凰新村社区，走访5户困难家庭，送上党员的心意，嘱咐他们战胜困难，过上幸福的生活。

（资料来源：银潮微信公众号，2020年10月30日）

后　记

　　党的十八大以来，加强党的基础组织建设在党的各项工作中的位置日益重要。开展"主题党日"活动，是规范基层党支部组织生活、从严教育管理党员的有效途径，也是推进"两学一做"学习教育的重要载体。如何使党日活动主题更突出、效果更明显，是当前每一个基层党组织必须思考和探索的重要课题。

　　近年来，围绕如何进一步优化主题党日活动的兴衰和内容、增强主题党日活动的效果，各地区各部门都进行了积极的探索。多种多样的主题党日活动，不断具有活动的吸引力与感染力，而且有规范的形式、充实的内容，激发出党员参与的热情，达到入脑入心的效果。

　　为了加强对各地优秀实践成果的汇集，加强对主题党日活动的特点、规律的理解和认识，为了各地党组织特别是基层党组织能够互相了解、互相学习，我们选编了各个类型党支部兼具典型性、示范性主题党日活动案例，供全国各地的基础党组织、广大党务工作者参考借鉴。

　　本书由中共中央党校（国家行政学院）魏宛斌和河南科学技术出版社李肖胜主持编写，董庆霞、董艳芳、李力等人参与了案例的搜集、编写工作。在编写过程中，得到了相关党组织、党务工作者的大力支持，参考了一些理论文章、宣传资料，以及网络上发表的各地的活动探索，因疫情原因个别文章作者未能及时联系，我们将尽快联系并酬谢。由于编写人员水平有限，经验不足，书中难免有错误和不妥之处，敬请读者批评指正。

编　者

2021 年 8 月

责任编辑:王世勇

图书在版编目(CIP)数据

主题党日活动案例选编/《主题党日活动案例选编》编委会编. —北京:
 人民出版社,2021.10(2022.10 重印)
ISBN 978－7－01－023639－1

Ⅰ.①主…　Ⅱ.①主…　Ⅲ.①中国共产党-基层组织-党的建设-
 学习参考资料　Ⅳ.①D267

中国版本图书馆 CIP 数据核字(2021)第 157649 号

主题党日活动案例选编

ZHUTI DANGRI HUODONG ANLI XUANBIAN

《主题党日活动案例选编》编委会　编

人民出版社 出版发行
(100706　北京市东城区隆福寺街 99 号)

北京汇林印务有限公司印刷　新华书店经销

2021 年 10 月第 1 版　2022 年 10 月北京第 2 次印刷
开本:710 毫米×1000 毫米 1/16　印张:14.5
字数:193 千字

ISBN 978－7－01－023639－1　定价:62.00 元

邮购地址 100706　北京市东城区隆福寺街 99 号
人民东方图书销售中心　电话 (010)65250042　65289539